MANUEL

DE GYMNASTIQUE

(PREMIÈRE PARTIE)

ET

DES EXERCICES MILITAIRES.

PARIS.

LIBRAIRIE HACHETTE ET Cie,

BOULEVARD SAINT-GERMAIN, N° 79.

MINISTÈRE
DE L'INSTRUCTION PUBLIQUE.

MANUEL

DE GYMNASTIQUE

(PREMIÈRE PARTIE)

ET

DES EXERCICES MILITAIRES.

PARIS.

IMPRIMERIE NATIONALE.

1880.

MINISTÈRE DE L'INSTRUCTION PUBLIQUE

Circulaire du 20 mai 1880.

EXERCICES GYMNASTIQUES ET MILITAIRES

Monsieur le Recteur, le décret du 3 février 1869 a rendu l'enseignement de la gymnastique obligatoire dans les lycées et les collèges communaux, dans les écoles normales primaires et dans les écoles primaires qui leur sont annexées. La loi du 27 janvier 1880, tout en sanctionnant cette disposition, a comblé la lacune qu'elle présentait et a étendu le principe de l'obligation à toutes les écoles publiques. L'article 1er est, en effet, ainsi conçu :

« L'enseignement de la gymnastique est obliga-
« toire dans tous les établissements d'instruction pu-
« blique de garçons, dépendant de l'État, des dépar-
« tements et des communes. »

En votant cette loi à l'unanimité, le Sénat et la Chambre des députés ont affirmé d'une manière éclatante leur sollicitude pour un enseignement que l'on peut considérer comme le complément indispensable des études scolaires et comme un moyen très efficace d'assurer le bon fonctionnement de nos lois militaires. Il appartient au Ministre de l'instruction publique de favoriser de tout son pouvoir

a

le développement de la gymnastique; je compte, Monsieur le Recteur, sur votre zèle éclairé pour m'aider dans l'accomplissement de cette tâche.

Les exercices gymnastiques et militaires se pratiquent régulièrement dans les établissements secondaires et dans les écoles normales primaires; mais le nombre des écoles primaires pourvues de cet enseignement est encore bien restreint; il reste beaucoup à faire, notamment en ce qui concerne les écoles des communes rurales, et c'est surtout de ce côté que doivent se porter nos efforts.

Personnel enseignant.

Aux termes des articles 2 et 10 du décret du 3 février 1869, les maîtres de gymnastique des lycées, collèges et écoles normales sont nommés par le Ministre. Le recrutement de ce personnel me paraît s'être opéré jusqu'ici sans difficulté; les demandes d'emploi ne manquent pas. Je vous recommanderai seulement, Monsieur le Recteur, de choisir avec soin les candidats que vous aurez à me proposer; vous voudrez bien ne pas perdre de vue le double but de la gymnastique, qui est de développer les forces physiques des jeunes gens et de leur donner en même temps des habitudes d'ordre et de discipline. Il importe que le maître de gymnastique ait de l'autorité sur ses élèves, et il n'y arrivera que s'il a une tenue irréprochable, du savoir et de l'expérience, en un mot s'il remplit toutes les conditions exigées de ceux à qui l'instruction de la jeunesse est confiée. Le certificat spécial d'aptitude établi par l'article 11 du décret de 1869 sera nécessaire à l'avenir pour aspirer aux fonctions de maître de gymnastique dans les lycées, collèges communaux et écoles normales primaires.

S'il est facile de trouver dans les villes des instructeurs spéciaux, il n'en est pas de même dans les campagnes ; pour les écoles rurales, ce sont les instituteurs qui auront à se charger de l'enseignement ; je connais assez leur dévouement pour savoir qu'ils accepteront volontiers ce léger surcroît de travail. Beaucoup d'entre eux ont appris la gymnastique à l'école normale et se trouvent en mesure de l'enseigner ; les autres auront besoin de conseils particuliers ; l'étude du Manuel dont je vous parlerai plus loin simplifiera leur tâche. J'examinerai ultérieurement si, pour arriver à des résultats plus rapides et plus sûrs, il ne conviendrait pas d'instituer au chef-lieu du département, pendant les vacances, des conférences qui seraient dirigées par un professeur de gymnastique breveté.

Matériel.

Les crédits inscrits au budget du Ministère me permettent de venir en aide, dans certaines conditions, aux établissements publics et aux communes pour la création de gymnases, lorsqu'ils se trouvent dans l'impossibilité de subvenir aux frais d'acquisition du matériel. Une circulaire du 5 novembre 1872 a déterminé, suivant les diverses catégories d'établissements, le catalogue des objets nécessaires, et un arrêté du 9 avril 1873 a réglé les conditions à observer pour la fourniture des appareils et agrès ; l'adjudicataire a consenti un rabais de 21 francs 25 centimes pour cent. Les avantages offerts par lui sont donc sérieux ; les établissements qui désireront

en bénéficier adresseront directement leurs com-
mandes au Ministère, qui se chargera de les trans-
mettre. Les objets ne sont livrés que sur le visa de
l'Administration.

Manuel des exercices gymnastiques et militaires.

La Commission centrale de gymnastique vient de
rédiger un Manuel qui sera mis entre les mains de
tous les instructeurs; MM. les inspecteurs d'Académie voudront bien me faire connaître le nombre
d'exemplaires qui sera nécessaire dans chaque département, et je les leur adresserai en quantité suf-
fisante.

Ce traité est destiné aux écoles primaires et aux
classes inférieures des lycées et collèges; les élèves-
maîtres des écoles normales devront aussi l'étudier; ils auront plus tard à se conformer à cette
méthode pour diriger l'instruction de leurs élèves.

Le manuel se divise en deux parties:

1° La gymnastique *sans appareils;*

2° Les exercices militaires.

Un Manuel de gymnastique *avec appareils* sera
publié ultérieurement.

Les instructions que renferme celui que je vous
transmets sont très précises et accompagnées de
figures; elle sont par conséquent faciles à mettre en
pratique; en outre, elles peuvent être appliquées
immédiatement, attendu qu'elles ne comportent
aucune dépense de matériel.

C'est une erreur de croire que, pour faire de la
gymnastique, les appareils sont de toute nécessité;
l'expérience nous apprend, au contraire, que, surtout
pour les enfants, les exercices élémentaires, tels que

les mouvements des bras, des jambes, les marches, les sauts, développent d'une manière très satisfaisante les forces musculaires et suffisent à donner de l'agilité et de la souplesse; les exercices avec appareils sont un complément utile, mais non indispensable.

Je n'ai pas à parler ici des lycées et collèges; à l'école primaire, l'instituteur fera exécuter les exercices dont il s'agit dans les cours ou dans les préaux couverts; si l'école n'est pas pourvue d'un préau assez spacieux, il demandera au maire de faire mettre à sa disposition soit un hangar convenablement abrité, soit un emplacement suffisant pour exercer les élèves en plein air, lorsque le temps ne s'y opposera pas.

L'enseignement de la première partie du Manuel sera divisé en trois périodes, correspondant: au premier trimestre (d'octobre au 1er janvier); au deuxième (de janvier en avril); à la fin de l'année scolaire (d'avril aux vacances).

On exécutera, pendant la première période, les mouvements gymnastiques de pied ferme, tels que flexions, extensions, etc., et quelques marches. Pendant la deuxième période, on commencera les sauts; les exercices des marches seront plus fréquents, et on fera la répétition des exercices du premier trimestre. Enfin, les promenades topographiques, les exercices militaires, le tir et la récapitulation des exercices du premier et du deuxième trimestre auront lieu pendant la troisième période.

Dispositions générales.

Les recommandations qui suivent ont, pour la plupart, une grande importance; je les signale à votre attention et je vous prie de tenir la main à ce qu'elles soient observées.

Dans les lycées, collèges et écoles normales primaires, les exercices gymnastiques doivent se faire au moins quatre fois par semaine, à raison d'une demi-heure par séance ; dans les écoles primaires, il serait désirable que le nombre des leçons fût également de quatre ; vous voudrez bien inviter MM. les inspecteurs d'académie à saisir les conseils départementaux de la question, lors de leur prochaine réunion, et vous me ferez connaître les résultats des délibérations de ces assemblées ; j'en tiendrai compte lorsque j'aurai à soumettre au Conseil supérieur le projet de règlement général des études.

L'enseignement est obligatoire pour tous les élèves ; il ne pourra y avoir d'exception que pour ceux qu'une constitution par trop délicate ou des infirmités mettraient dans l'impossibilité d'y prendre part ; cette impossibilité devra être constatée par l'autorité médicale.

Pendant les exercices, les élèves seront tenus d'observer le silence ; c'est une condition absolue de discipline.

Les leçons de gymnastique ne sont jamais faites immédiatement après les repas ; un intervalle d'une heure au moins est nécessaire.

Au commencement de chaque leçon, le maître veillera à ce que les élèves ne soient pas gênés dans leurs vêtements et aient toute l'aisance nécessaire.

Dans les établissements pourvus d'un gymnase, il devra vérifier avec le plus grand soin, au moins une fois par mois, l'état du matériel.

A chaque séance, le maître groupera par leçon les mouvements de la tête, des bras et des jambes, de telle sorte que les élèves fassent des exercices variés,

Les attitudes du corps ne seront jamais de longue durée ; elles deviendraient fatigantes et il importe au plus haut point d'éviter la lassitude et la monotonie.

La première partie de la leçon sera consacrée à répéter la leçon précédente ; l'instituteur-adjoint ou, à son défaut, un moniteur-élève, y sera exercé par le maître chargé de l'enseignement.

Une fois par semaine, on fera exécuter les exercices élémentaires de natation, de manière à rendre par une longue pratique ces mouvements tellement naturels aux enfants qu'il les conduisent à nager presque seuls, lorsque l'application en sera faite dans la saison des bains.

En été, les exercices se feront à l'ombre ; pendant les fortes chaleurs, les marches et les promenades auront lieu soit avant dix heures du matin, soit après trois heures du soir. En hiver, on s'abstiendra d'exécuter la course cadencée, lorsque la température sera inférieure à cinq degrés au-dessus de zéro ; par la gelée, les sauts sont rigoureusement interdits.

En général, c'est en plein air que la gymnastique produit les meilleurs effets ; mais pendant l'hiver ou pendant la saison des pluies, ou bien lorsque le soleil est trop ardent, les exercices doivent avoir lieu à l'intérieur.

Le sol sur lequel les élèves manœuvreront sera suffisamment aplani, pour prévenir tout accident. Les sauts seront exécutés au point de chute sur un espace rectangulaire préparé à l'avance, soit avec du sable, soit avec de la sciure de bois ; à défaut de l'un ou de l'autre, on pourra remuer la terre à une profondeur de 40 centimètres, en renouvelant fréquemment cette opération.

Les exercices de l'école du soldat prescrits par la deuxième partie du Manuel sont faciles à apprendre on doit y attacher d'autant plus d'importance qu'ils préparent directement les jeunes gens au service militaire.

Il en est de même des promenades qui ont pour objet de leur faire contracter l'habitude de la marche et dont on peut profiter pour leur donner des notions de topographie fort utiles.

L'enseignement du tir présente également un grand intérêt. L'Administration n'a pas encore adopté l'arme qui devra être employée ; j'espère être en mesure de vous faire connaître prochainement les résolutions qui auront été prises à ce sujet.

Je vous prie, Monsieur le Recteur, de communiquer la présente circulaire à MM. les inspecteurs d'académie, les chefs d'établissements et inspecteurs primaires de votre ressort et de lui donner toute la publicité désirable ; vous voudrez bien m'en accuser réception et m'informer des mesures que vous comptez prendre pour en assurer la prompte exécution.

Recevez, Monsieur le Recteur, l'assurance de ma considération très distinguée.

Le Ministre de l'Instruction publique,

JULES FERRY.

Imp. E. CAPIOMONT et V. RENAULT, rue des Poitevins, 6.

MANUEL DE GYMNASTIQUE
ET
DES EXERCICES MILITAIRES.

TITRE PREMIER.

GYMNASTIQUE.

DIVISION DE L'ENSEIGNEMENT.

1. L'enseignement de la gymnastique est divisé en deux parties :

Première partie. Gymnastique sans appareils.

Deuxième partie. Gymnastique avec appareils.

PREMIÈRE PARTIE.

GYMNASTIQUE SANS APPAREILS.

2. La gymnastique sans appareils comprend les exercices suivants :

CHAPITRE PREMIER.
EXERCICES ÉLÉMENTAIRES [1].

CHAPITRE II.
MARCHES ET DIFFÉRENTES COURSES.

CHAPITRE III.
SAUTS.

[1] Cette partie de l'enseignement est précédée d'une instruction sur la respiration dans ses rapports avec la gymnastique.

CHAPITRE IV.
ÉQUILIBRES.

(N°s 115 à 124.)

CHAPITRE V.
NATATION.

ART. 1er. — Mouvements élémentaires à sec (n°s 125 à 130).

ART. 2. — Exercices dans l'eau (n°s 131 à 133).

———

INSTRUCTIONS GÉNÉRALES.

3. Pour l'enseignement de cette première partie, le choix et le mode d'exécution des exercices demande de la part du maître une attention toute particulière. Il doit, en principe, insister sur la répétition des mouvements : *assez* pour obtenir des résultats, *pas trop* pour éviter la monotonie qui ne tarderait pas à lasser l'attention des élèves.

L'expérience lui permettra d'arrêter lui-même, avant chaque séance, le choix des exercices de la leçon au fur et à mesure des progrès des élèves ou selon leur aptitude plus ou moins grande ; il suivra d'abord l'ordre du Manuel, c'est-à-dire : la tête, le tronc, les bras et les jambes ; mais dès que les mouvements qui en dépendent deviendront familiers aux élèves, il devra les répéter à la deuxième partie de la séance, sans s'astreindre à l'ordre déjà suivi, c'est-à-dire en entremêlant les exercices entre eux ; par exemple :

1° Un mouvement de bras ;
2° Un mouvement de jambes ;
3° Un mouvement de tête ;
4° Un mouvement de bras ;
5° Un mouvement du tronc ;
6° Un mouvement de bras et de jambes ;
7° Un mouvement de tête, etc.

Il est expressément recommandé au maître d'exécuter toujours *lui-même* le mouvement, en même temps qu'il l'explique, afin de joindre l'exemple au principe. Autant que possible, dans les débuts, il exécute et explique chaque commandement séparément et le fait exécuter par les élèves avant de faire le commandement et de passer au mouvement suivant.

A moins d'impossibilités résultant de circonstances locales, le nombre des élèves qui seront commandés par un seul maître ne devra pas dépasser 3o ; le maximum d'élèves à placer sur un rang sera de 15.

4. Les professeurs doivent se conformer

strictement aux principes du Manuel; ils
ne tolèrent dans aucun cas que les élèves
se laissent entraîner à des actes exagérés de
force ou de hardiesse, qui pourraient occa-
sionner des accidents et engager la respon-
sabilité du maître. Ils doivent s'appliquer à
développer la force des élèves par un travail progressif, sagement mesuré, en rapport avec leur âge et l'état de leur constitution.

5. Ils doivent exiger de leurs élèves
beaucoup d'ordre, une attitude régulière
sans raideur, et leur expliquer le but de
chaque exercice.

6. Pour l'uniformité dans l'enseignement, les commandements d'*avertissement*
doivent être précédés de celui de *Attention*
et ceux d'*exécution* soumis aux règles suivantes :

Mouvements de la tête, du corps et des
bras, des jambes sans déplacement du
corps :

COMMENCEZ.
CESSEZ.

Mouvements des jambes entraînant le

déplacement du corps et exercice pyrrhique :

MARCHE.
HALTE.

Exercices d'équilibre :

EN POSITION.
REPOS.

Dans les exercices qui nécessitent avant
l'exécution une attitude préparatoire, les
commandements d'*avertissement* seront suivis de celui de *En position.*

7. En principe, tous les mouvements
de la tête et du tronc doivent être exécutés
lentement et pendant peu de temps ; les
mouvements des bras et des jambes n'exi-
gent pas ces précautions.

8. Le nombre des mouvements qui
doivent être exécutés dans un exercice d'as-
souplissement, avant d'en faire exécuter un
autre, est fixé à *douze.* Les élèves doivent
compter *à haute voix* tous les mouvements,
jusqu'à ce que le professeur, voulant juger
de l'ensemble, fasse cesser de compter par
un signal convenu (le sifflet, par exemple),
sans interrompre l'exercice.

9. On distingue trois sortes de cadences, c'est-à-dire trois degrés de vitesse ·

La cadence *lente*, de 10 à 25 mouvements par minute;

La cadence *modérée*, de 25 à 75 mouvements par minute;

La cadence *rapide*, de 75 à 115 mouvements par minute.

En outre, les exercices de course se font sur une cadence *spéciale*, de 140 à 200 mouvements par minute.

On indiquera à chaque exercice la cadence convenable, mais il sera souvent utile de varier les cadences durant l'exécution d'un même mouvement.

PREMIÈRE PARTIE.

GYMNASTIQUE SANS APPAREILS.

CHAPITRE PREMIER.
EXERCICES ÉLÉMENTAIRES.

DE LA RESPIRATION
DANS LES EXERCICES GYMNASTIQUES.

10. Le développement des organes *de la respiration* est l'un des buts principaux de la gymnastique scolaire; il est aussi l'une des conditions essentielles de la bonne exécution des mouvements; à une ample et facile respiration correspondent en général une circulation régulière et une aptitude considérable aux exercices musculaires. D'un autre côté, ces qualités diminuent en proportion de la faiblesse des organes respiratoires. Il importe donc d'adopter, pour respirer, la méthode que la pratique de même que la science nous montrent la meilleure.

Rien de plus mauvais que les respirations désordonnées et courtes qui caractérisent l'essoufflement et qui sont dues à l'absence de toute règle habituelle. Il faut respirer par le nez, la bouche entr'ouverte; il faut autant que possible *inspirer* lentement et *expirer* à volonté selon les circonstances. Par là on évite l'introduction brusque de l'air froid dans la cavité buccale et des poussières atmosphériques dans les bronches. On utilise les voies naturelles en laissant un cours plus libre à la colonne d'air introduite et à la colonne de gaz expulsée; enfin l'arrivée plus lente de l'air inspiré permet une utilisation plus complète de la surface pulmonaire, dont une partie seulement entre en fonction quand l'inspiration est buccale, courte et saccadée.

On recommande donc aux élèves, dans toutes les habitudes de la vie, mais surtout pendant les exercices, d'*inspirer par le nez et d'expirer par la bouche*. Dans les exercices à cadence très lente on commandera *une inspiration profonde* au moment où les bras seront dans l'extension verticale au-dessus de la tête; à la suite des mouvements à cadence rapide, on prescrira également *une inspiration profonde,* qui développe et présente à l'air toute la surface des poumons; par là on évitera ce qu'il faut constamment *chercher à éviter: l'essoufflement.*

ART. 1ᵉʳ. — 1° STATION RÉGULIÈRE DU CORPS.

11. L'instructeur commande :

GARDE À VOUS.

12. A ce commandement, l'élève fixe son attention et prend la position suivante :

Les talons sur la même ligne et rapprochés autant que la conformation de l'élève le permettra, les pieds un peu moins ouverts que l'équerre et également tournés en dehors, les genoux tendus sans les raidir, le corps d'aplomb sur les hanches et légèrement penché en avant, les épaules effacées et également tombantes, les bras pendant naturellement, les coudes près du corps, la paume de la main un peu tournée en dehors, le petit doigt en arrière de la couture du pantalon, la tête droite sans être gêné, les yeux dirigés droit devant soi.

13. Pour faire reposer, le professeur commande :

EN PLACE.

REPOS.

14. Au commandement de *Repos,* l'élève reste en place sans être tenu de garder l'immobilité ou la position.

2° ALIGNEMENTS À DROITE OU À GAUCHE.

15. Le professeur commande :

A droite (ou *à gauche*) — ALIGNEMENT.

A ce commandement, les élèves tournent la tête à droite (ou à gauche) sans brusquer le mouvement, en posant le poing gauche sur la hanche, et fixent les yeux sur la ligne des yeux des élèves du même rang, afin de juger s'ils sont en avant ou en arrière de l'alignement sur lequel ils doivent se porter par de petits pas.

Le professeur, ayant rectifié l'alignement, commande :

FIXE.

A ce commandement, les élèves laissent tomber le bras dans le rang et placent la tête dans la position directe.

Art. 2. — Ouvrir ou serrer
les intervalles.

16. Les élèves étant formés sur un ou deux rangs, le professeur se place devant l'élève ou devant la file sur laquelle il veut faire prendre les intervalles, puis il commande :

1. *A tant de pas.*
2. Ouvrez les intervalles.

Au commandement de *Ouvrez les intervalles,* les élèves font à droite ou à gauche, suivant qu'ils sont placés à droite ou à gauche de la base marquée par le professeur. Ils se conforment pour cela aux principes prescrits au Manuel militaire, art. 155, et ouvrent leurs intervalles à la distance indiquée.

17. Dans les commencements, ils comptent les pas ; mais ils doivent arriver le plus tôt possible à juger à l'œil l'intervalle qui doit espacer chacun d'eux de son voisin.

Dès que chacun s'arrête, il fait à gauche ou à droite pour se mettre face dans la direction primitive.

18. Pour faire serrer, le professeur se place devant l'élève, ou devant la file sur laquelle il veut faire serrer, et commande :

1. *A tant de pas.*
2. Serrez les intervalles.

Au commandement de *Serrez les intervalles*, chaque élève fait à gauche ou à droite suivant qu'il se trouve à droite ou bien à gauche de la base, serre à la distance prescrite sur son voisin du côté de la base, et fait à droite ou à gauche pour se mettre face à la direction primitive.

19. Si le professeur veut rassembler ses élèves sur un ou deux rangs sans intervalle, il supprime dans le commandement l'indication *A tant de pas.*

Les élèves serrent sur la base indiquée, en ayant soin de placer le poing gauche sur la hanche au moment où ils s'arrêtent, et ils s'alignent du côté de la base.

Art. 3. — Mouvements de la tête [1].

20. Les mouvements de la tête comprennent trois exercices :

---

[1] Pour les mouvements de la tête, le professeur peut faire mettre les mains sur les hanches.

l^{er} Exercice. — Rotation de la tête à droite et à gauche.

Le professeur commande :

1. *Attention.*
2. *Rotation de la tête à droite et à gauche; en quatre temps.*
3. COMMENCEZ.
4. UN, DEUX, TROIS, QUATRE.
5. CESSEZ.

Au commandement de *Un*, tourner *lentement* la tête à droite en donnant à ce mou-

Fig. 1.

vement le plus de développement possible, sans exagération et sans que les épaules soient entraînées; au commandement de *Deux*, la remettre dans la position droite; au commandement de *Trois*, la tourner de la même manière à gauche; au commandement de *Quatre*, revenir face en tête, et continuer ainsi jusqu'à ce que le professeur commande *Cessez*. (Fig. 1.)

2ᵉ EXERCICE. — **Flexion de la tête en avant et en arrière.**

21. Le professeur commande :

1. *Attention.*
2. *Flexion de la tête en avant et en arrière ; en quatre temps.*
3. COMMENCEZ.
4. UN, DEUX, TROIS, QUATRE.
5. CESSEZ.

Au commandement de *Un* (fig. 2), fléchir lentement la tête en avant vers la poi-

Fig. 2 *a.*   Fig. 2 *b.*

trine (*a*) ; au commandement de *Deux*, la remettre directe ; au commandement de *Trois*, la renverser en arrière (*b*) ; à celui de *Quatre*, la relever, et continuer ainsi jusqu'au commandement de *Cessez*.

3ᵉ EXERCICE. — Flexion de la tête vers la droite et vers la gauche.

22. Le professeur commande :

1. *Attention.*
2. *Flexion de la tête vers la droite et vers la gauche ; en quatre temps.*
3. COMMENCEZ.
4. UN, DEUX, TROIS, QUATRE.
5. CESSEZ.

Au commandement de *Un,* incliner très
lentement la tête et le plus
possible vers la droite,
comme si on voulait la coucher sur l'épaule ; au commandement de *Deux,* la remettre directe ; à celui de
Trois, l'incliner lentement
sur l'épaule gauche ; à celui
de *Quatre,* la redresser, et

Fig. 3.

continuer ainsi jusqu'au commandement
de *Cessez.*

ART. 4. — MOUVEMENTS DU TRONC.

23. Les mouvements du tronc comprennent cinq exercices :

1ᵉʳ EXERCICE. — Flexion du corps [1] en avant, les mains portées vers le sol; en deux temps.

Le professeur commande :

1. *Attention.*
2. *Flexion du corps en avant; en deux temps.*
3. COMMENCEZ.
4. UN, DEUX.
5. CESSEZ.

Au commandement de *Un*, fléchir lentement le corps en avant, sans ployer les ge-

Fig. 4.

noux, toucher le sol avec l'extrémité des doigts étendus, la paume de la main tournée vers le corps.

[1] Dans tous les exercices du tronc, le mot *corps* est employé comme synonyme du mot *tronc*.

Au commandement de *Deux*, se redresser en plaçant le corps dans la position directe, les bras tombant dans le rang. (Fig. 4.)

2ᵉ Exercice. — Extension du corps en arrière, les bras portés en arrière et éloignés du corps ; en deux temps.

24. Le professeur commande :

1. *Attention.*
2. *Extension du corps en arrière.*
3. Commencez.
4. Un, deux.
5. Cessez.

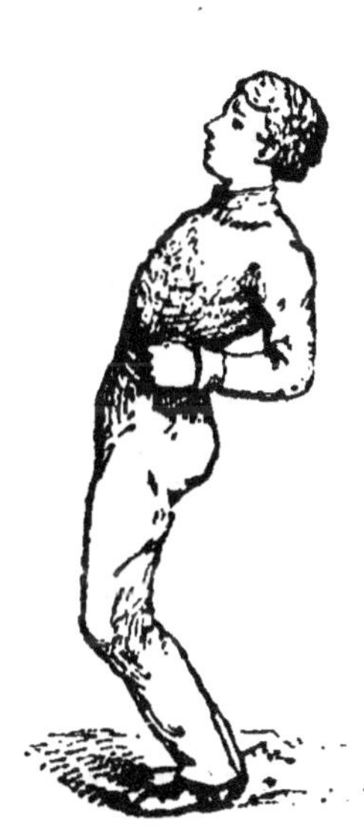

Fig. 5.

Au commandement de *Un*, courber lentement le corps en arrière, la tête suivant le mouvement, les épaules effacées, les bras fléchis, les mains fermées et les coudes en arrière. (Fig. 5.)

Au commandement de *Deux*, redresser le corps et laisser tomber les bras dans le rang.

3ᵉ Exercice. — **Flexion latérale du corps, à droite et à gauche, les mains sur les hanches; en quatre temps.** (*Cadence lente.*)

25. Le professeur commande :

1. *Attention. — Mains sur les hanches.*
2. *Flexion latérale du corps à droite et à gauche; en quatre temps.*
3. Commencez.
4. Un, deux, trois, quatre.
5. Cessez.

Au commandement de *Mains sur les hanches*, placer les mains sur les hanches; au commandement de *Un*, pencher lentement le plus possible le haut du corps à droite, sans avancer l'épaule gauche; à celui de *Deux*, le redresser dans la position verticale; au commandement de *Trois*, pencher le corps à gauche sans avancer l'épaule droite, et au commandement de *Quatre*, le redresser dans la position directe.

4ᵉ Exercice. — **Rotation du corps à droite et à gauche** (*à gauche et à droite*)**; en deux temps.**

26. Le professeur commande :

1. *Attention.*
2 *Rotation du corps à droite et à gauche (à gauche et à droite); en deux temps. (Cadence lente.)*
3. COMMENCEZ.
4. UN, DEUX.
5. CESSEZ.

Au commandement de *Rotation du corps à droite et à gauche,* placer les bras en croix, fortement tendus, la paume des mains en avant.

Au commandement de *Un,* l'élève exécutera une torsion du tronc sur le bassin, qu'il s'efforcera de maintenir immobile ; la main gauche et le bras bien tendus et bien ouverts viendront se placer en avant; la main et le bras droits se trouveront en arrière.

Au commandement de *Deux,* exécuter un mouvement de torsion du tronc les bras se trouvant dans une attitude opposée à la précédente.

Continuer ainsi jusqu'au commandement de *Cessez.*

A ce commandement, replacer les bras dans le rang et le corps dans la position directe.

5ᵉ Exercice. — Circumduction du tronc, les bras tendus verticalement au-dessus de la tête. (*Cadence lente.*)

27. Le professeur commande :

1. *Attention.*
2. *Circumduction du tronc, les bras tendus au-dessus de la tête.*
3. En position.
4. Inspiration profonde. — Commencez.
5. Cessez.

Au commandement de *En position*, porter les bras tendus au-dessus de la tête.

Au commandement de *Commencez*, inspirer fortement en conservant la respiration autant que possible pendant l'exécution du mouvement; décrire en même temps avec le tronc et les bras un cône ayant le bassin, aussi maintenu que possible, pour sommet.

Au commandement de *Cessez*, expirer et replacer les bras dans le rang et le corps dans la station régulière.

Le professeur fera exécuter ce mouvement de circumduction douze fois de suite de droite à gauche et de gauche à droite, en faisant inspirer et expirer avant de passer à un autre exercice. La façon dont les élèves respirent et conservent leur respiration le plus longtemps possible doit fixer son attention.

Art. 5. — Mouvements des bras.

28. Les mouvements des bras comprennent treize exercices :

1ᵉʳ Exercice. — Mouvement vertical des bras sans flexion ; en deux temps.

Le professeur commande :

Fig. 6.

1. *Attention.*
2. *Élevez et abaissez les bras sans flexion.*
3. Commencez.
4. Cessez.

Au commandement de *Commencez,* élever vivement les bras en pronation [1] et en avant à l'écartement des épaules, sans les fléchir, les poings fermés, les doigts allongés ; les ramener de même vers les cuisses, qu'ils ne doivent pas dépasser. (Fig. 6.)

[1] La position dite *en supination* est celle de la main

Continuer jusqu'au commandement de *Cessez.*

Dans cet exercice, qui doit s'accomplir au niveau des épaules, on recommandera aux élèves de ne point creuser la **région lombaire.**

2ᵉ EXERCICE. — Mouvement alternatif et vertical des bras (*flexion et extension*); **en quatre temps.**

29. Le professeur commande :

Fig. 7.

1. *Attention.*
2. *Mouvement alternatif et vertical des bras; en quatre temps.*
3. COMMENCEZ.
4. CESSEZ.

Au commandement de *Commencez*, fléchir le bras droit et porter le poing à l'épaule, en comptant *un;* élever ensuite le bras verticalement, en comp- dans la station régulière du corps, le petit doigt sur la couture du pantalon.

L'attitude dite *en pronation* est celle dans laquelle le pouce touche cette même couture.

tant *deux;* ramener le poing à l'épaule, en comptant *trois;* laisser tomber le bras à sa première position, en comptant *quatre.* (Fig. 7.)

Exécuter le même mouvement du bras gauche et continuer ainsi jusqu'au commandement de *Cessez.*

3° EXERCICE. — **Mouvement simultané** et **vertical des bras** (*flexion et élévation*); **en quatre temps.**

30. Le professeur commande :

1. *Attention.*
2. *Mouvement simultané et vertical des bras; en quatre temps.*
3. COMMENCEZ.
4. CESSEZ.

Au commandement de *Commencez,* fléchir les bras et porter les poings aux épaules, en comptant *un;* élever les bras verticalement, en comptant *deux;* ramener les poings aux épaules, en comptant *trois;* laisser tomber les bras à leur première position, en comptant *quatre.* Continuer ainsi jusqu'au commandement de *Cessez.*

4° EXERCICE. — **Mouvement alternatif des avant-bras, en portant le poing à l'é-**

paule, les coudes restant près du corps (*flexion et extension*) ; en deux temps.

31. Le professeur commande :

1. *Attention.*
2. *Mouvement alternatif des avant-bras; en deux temps.*
3. Commencez.
4. Cessez.

Au commandement de *Commencez*, plier le bras droit, le coude restant près du corps ; porter le poing à l'épaule, en comptant *un ;* développer le bras et ramener le poing près de la cuisse, en comptant *deux.*

Exécuter le même mouvement du bras gauche et continuer ainsi jusqu'au commandement de *Cessez.*

5ᵉ Exercice. — **Mouvement simultané des avant-bras** (*flexion et extension*) ; **en deux temps.**

32. Le professeur commande :

1. *Attention.*
2. *Mouvement simultané des avant-bras; en deux temps.*
3. Commencez.
4. Cessez.

Au commandement de *Commencez*, plier les bras, les coudes restant près du corps ; porter les poings aux épaules, en comptant *un;* développer les bras et ramener les poings près des cuisses, en comptant *deux,* et continuer jusqu'au commandement de *Cessez.*

6ᵉ Exercice. — Mouvement horizontal des bras en avant; en deux temps.

88. Le professeur commande :

1. *Attention.*
2. *Mouvement horizontal des bras en avant; en deux temps.*
3. En position.
4. Commencez.
5. Cessez.

Au commandement de *En position,* placer les bras horizontalement en avant, les poings fermés, les ongles en dedans.

Au commandement de *Commencez,* retirer vivement les coudes en arrière, en rasant le corps, les bras fléchis, en comptant *un;* les reporter en avant, en comptant *deux,* et continuer ainsi jusqu'au commandement de *Cessez.*

A ce commandement, laisser tomber les bras à leur première position. (Fig. 8.)

Dans cet exercice, le professeur évitera que l'élève ne creuse la région lombaire.

Fig. 8.

7ᵉ Exercice. — Mouvement de flexion et d'extension des bras portés alternativement en avant; en quatre temps.

34. Le professeur commande :

1. *Attention.*
2. *Mouvement alternatif de flexion et d'extension des bras en avant; en quatre temps.*

3. Commencez.

4. Cessez.

Au commandement de *Commencez*, fléchir le bras droit et porter le poing à
l'épaule, en comptant *un;* étendre le bras
en avant, en comptant *deux;* ramener le
poing à l'épaule, en comptant *trois;* laisser
tomber le bras à sa première position, en
comptant *quatre.*

Exécuter le même mouvement du bras
gauche et continuer, des deux bras alterna-
nativement, jusqu'au commandement de
Cessez.

**8ᵉ Exercice. — Mouvement de flexion et
d'extension des bras portés simultanément en avant; en quatre temps.**

85. Le professeur commande :

1. *Attention.*
2. *Mouvement simultané de flexion et
   d'extension des bras en avant; en
   quatre temps.*
3. Commencez.
4. Cessez.

Au commandement de *Commencez*, fléchir les bras et porter les poings aux épaules, en comptant *un;* étendre les bras en

avant, en comptant *deux;* ramener les poings aux épaules, en comptant *trois;* laisser tomber les bras à leur première position, en comptant *quatre.*

Continuer ainsi jusqu'au commandement de *Cessez.*

9ᵉ EXERCICE. — **Flexion et extension latérale des bras, les mains partant des épaules; en deux temps.**

36. Le professeur commande :

1. *Attention.*
2. *Flexion et extension latérale des bras; en deux temps.*
3. COMMENCEZ.
4. CESSEZ.

Au commandement de *Commencez,* plier les bras et porter les poings au-dessus des épaules, en comptant *un;* développer latéralement les bras de toute leur longueur, en comptant *deux;* reporter les poings au-dessus des épaules, en comptant *un;* étendre de nouveau les bras, en comptant *deux,* et continuer ainsi jusqu'au commandement de *Cessez,* après lequel on laisse tomber les bras à leur première position.

10° EXERCICE. — **Flexion et extension alternative et latérale des bras; en quatre temps.**

87. Le professeur commande :

1. *Attention.*
2. *Flexion et extension alternative et latérale des bras ; en quatre temps.*
3. COMMENCEZ.
4. CESSEZ.

Au commandement de *Commencez*, fléchir le bras droit et porter le poing à l'épaule, en comptant *un;* étendre le bras sur le côté, en comptant *deux;* ramener le poing à l'épaule, en comptant *trois;* laisser tomber le bras à sa première position, en comptant *quatre.*

Exécuter le même mouvement du bras gauche et continuer ainsi, alternativement des deux bras, jusqu'au commandement de *Cessez.*

11° EXERCICE. — **Flexion et extension simultanée et latérale des bras; en quatre temps.**

88. Le professeur commande :

1. *Attention.*

> **2.** *Flexion et extension simultanée et latérale des bras; en quatre temps.*
> **3.** COMMENCEZ.
> **4.** CESSEZ.

Au commandement de *Commencez*, fléchir les bras et porter les poings aux épaules, en comptant *un*; étendre les bras sur les côtés, en comptant *deux*; ramener les poings aux épaules, en comptant *trois*; laisser tomber les bras à leur première position, en comptant *quatre*.

Continuer ainsi jusqu'au commandement de *Cessez*.

12ᵉ EXERCICE.. — Circumduction du bras droit et du bras gauche, alternativement, puis des deux bras simultanément.

89. Le professeur commande :

> **1.** *Attention.*
> **2.** *Circumduction du bras droit.*
> **3.** COMMENCEZ.
> **4.** CESSEZ.

Au commandement de *Commencez*, lancer avec force le bras droit tendu en avant,

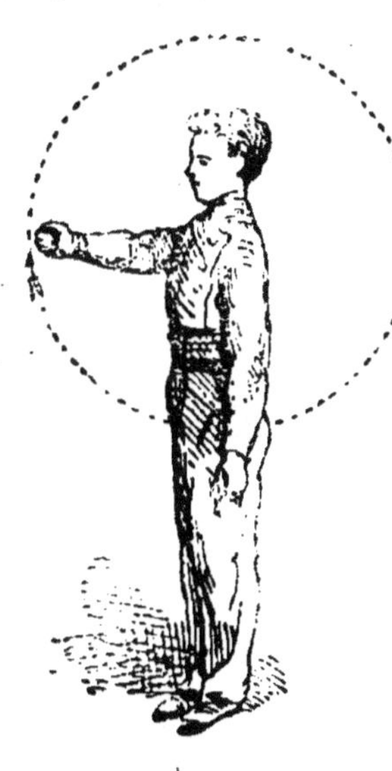

le poing fermé, et lui faire parcourir un cercle de bas en haut, le poing rasant la cuisse. (Fig. 9.)

Continuer ainsi jusqu'au commandement de *Cessez.*

Exécuter ensuite ce mouvement du bras gauche, et enfin des deux bras simultanément.

Cet exercice s'exécute aussi en sens inverse.

Fig. 9

13ᵉ Exercice. — Mouvement alternatif en avant des bras (*flexion et extension*) **en les portant ensuite tendus sur les côtés; en quatre temps.**

40. Le professeur commande :

1. *Attention.*
2. *Mouvement alternatif des bras, en les portant ensuite tendus sur les côtés; en quatre temps.*
3. Commencez.
4. Cessez.

3.

Au commandement de *Commencez*, fléchir le bras droit et porter le poing à l'épaule, en comptant *un;* élever le bras en avant, en comptant *deux;* le porter tendu sur le côté, en comptant *trois;* laisser tomber à sa première position, en comptant *quatre.*

41. Exécuter le même mouvement du bras gauche et continuer ainsi jusqu'au commandement de *Cessez.*

Le même exercice s'exécute des deux bras simultanément.

ART. 6. — MOUVEMENTS DES JAMBES.

42. Les mouvements des jambes comprennent sept exercices:

1ᵉʳ **EXERCICE. — Flexion de la jambe sous la cuisse.** (*Cadence modérée.*)

Le professeur commande :

1. *Attention.*
2. *Flexion de la jambe sous la cuisse.* (*Cadence modérée.*)
3. MARCHE.
4. HALTE.

Au commandement de *Marche,* fléchir la

jambe gauche en arrière, en conservant
la cuisse et le corps droits; ramener le pied à terre.

Fig. 10.

Exécuter le même mouvement de la jambe droite, et continuer ainsi jusqu'au commandement de *Halte*.

A ce commandement, rapporter le pied qui est en l'air à côté de l'autre. (Fig. 10.)

2ᵉ Exercice. — Flexion et élévation de la cuisse sur le bassin, la jambe en demi-flexion. (*Cadence modérée, accélérée ou de course.*)

43. Le professeur commande :

1. *Attention.*
2. *Flexion et élévation des jambes.* (*Cadence modérée, accélérée ou de course.*)
3. Marche.
4. Halte.

Au commandement de *Marche*, élever le

genou gauche, la cuisse placée horizontale-

ment, la jambe tom-
bant naturellement,
la pointe du pied bais-
sée, et poser le pied
à terre.

Exécuter le même
mouvement de la
jambe droite, et con-
tinuer ainsi jusqu'au
commandement de :
Halte. (Fig. 11.)

Dans la cadence de
course, le mouvement
s'exécute par un sau-
tillement alternatif
sur la pointe des pieds.

Cet exercice s'exécute les bras tombant
naturellement ou en plaçant les mains sur
les hanches.

3ᵉ **EXERCICE.—Mouvement simultané** (*exercice pyrrhique*) **des extrémités droites** (*ou
gauches*) **en avant.**

44. Le professeur commande :

1. *Attention.*
2. *Exercice pyrrhique, les extrémites
droites* (ou *gauches*) *en avant.*

3. **En position.**
4. **Marche.**
5. **Halte.**

Au commandement de *En position*, faire un demi-à-gauche sur le talon gauche, porter

Fig. 12.

le pied droit en avant, le jarret plié, la jambe gauche tendue, le bras droit allongé en avant, le poing fermé et à hauteur de l'épaule, les ongles légèrement en dessus, le bras gauche le long du corps, le poing fermé et détaché de la cuisse, la tête droite, l'épaule gauche effacée.

Au commandement de *Marche,* redresser

le corps, rapporter le pied droit près du milieu du pied gauche, tourner en même temps l'avant-bras droit de manière que, décrivant un cercle de bas en haut, le poignet vienne raser la poitrine; développer le bras vigoureusement, reporter le pied droit en avant, la jambe gauche tendue, le pied à plat, le bras gauche restant allongé le long de la cuisse. (Fig. 12.)

45. Cet exercice est soumis à un rythme: compter *un* lorsque le pied droit pose à terre ; répéter le même mouvement, en comptant *deux,* et continuer ainsi, en comptant *un, deux, un, deux,* jusqu'au commandement de *Section* — HALTE.

A ce commandement, se redresser, faire un demi-à-droite sur le talon gauche et revenir à la première position.

46. On exerce les extrémités gauches d'après les mêmes principes.

4ᵉ EXERCICE. — **Mouvement alternatif de flexion et d'extension des articulations des pieds, les mains sur les hanches; en deux temps.**

47. Le professeur commande :

1. *Attention.*

2. *Mouvement alternatif de flexion et
d'extension des pieds; en deux temps.*

3. Mains sur les hanches.

4. Commencez.

5. Cessez.

Au commandement de *Mains sur les
hanches,* placer les mains sur les hanches,
les doigts réunis en avant, les pouces en
arrière.

Au commandement de *Commencez,* lever
les talons l'un après l'autre, le plus possible
à temps égaux, la pointe des pieds ne quit-
tant pas le sol, le corps restant droit et en
équilibre.

5ᵉ Exercice. —**Mouvement d'extension des
membres inférieurs et élévation du corps
sur la pointe des pieds, les mains sur
les hanches ; en deux temps.**

48. Le professeur commande :

1. *Attention.*

2. *Élévation du corps sur la pointe des
pieds; en deux temps.*

3. Mains sur les hanches.

4. Commencez.

5. Cessez.

Au commandement de *Mains sur les
hanches,* placer les mains sur les hanches.

Au commandement de *Commencez,* élever le corps sur la pointe des pieds, les jarrets tendus, en comptant *un;* ramener les talons à terre, en comptant *deux,* et continuer le mouvement jusqu'au commandement de *Cessez.*

6ᵉ **Exercice. — Mouvement d'extension des membres inférieurs sur la pointe des pieds, et élévation simultanée et latérale des bras au-dessus de la tête, les doigts allongés ; en deux temps.**

49. Le professeur commande :

1. *Attention.*
2. *Mouvement d'extension sur la pointe des pieds, en élevant latéralement les bras au-dessus de la tête; en deux temps.*
3. Commencez.
4. Cessez.

Au commandement de *Commencez,* élever le corps sur la pointe des pieds ; tourner en même temps la paume des mains en avant et élever latéralement les bras tendus, les mains au-dessus de la tête, jusqu'à ce que les pouces viennent se toucher, en comptant *un;* ramener les talons à terre ; laisser tomber les bras à leur première position, en comptant *deux;* et continuer jusqu'au commandement de *Cessez.*

7° EXERCICE. — Circumduction alternative des jambes, de dedans en dehors et de dehors en dedans, les mains sur les hanches.

50. Le professeur commande :

1. *Attention.*
2. *Circumduction de la jambe droite (ou gauche), de dedans en dehors.*
3. MAINS SUR LES HANCHES.
4. COMMENCEZ.
5. CESSEZ.

Au commandement de *Mains sur les hanches,* placer les mains sur les hanches et porter le poids du corps sur la jambe gauche (ou droite).

Au commandement de *Commencez,* porter la jambe droite (ou gauche) tendue en avant, la pointe du pied baissée et tournée en dehors; faire parcourir au pied une circonférence de dedans en dehors, et continuer ce mouvement jusqu'au commandement de *Cessez.*

Art. 7. — Mouvements des bras et des jambes.

51. Les mouvements des bras et des jambes comprennent vingt-six exercices :

1er Exercice. — **Flexion des genoux sur les extrémités inférieures, les bras placés horizontalement ; en trois temps.**

52. Le professeur commande :
1. *Attention.*
2. *Flexion des genoux sur les extrémités inférieures, les bras placés horizontalement ; en trois temps.*
3. En position.
4. Commencez.
5. Cessez.

Au commandement de *En position,* rapprocher les pieds l'un contre l'autre et porter le haut du corps un peu en avant.

Au commandement de *Commencez,* abaisser le corps en pliant les jarrets, de manière que les cuisses touchent, autant que possible, les mollets, en comptant *un,* les bras tombant naturellement, le poids du corps portant sur la pointe des pieds ; étendre parallèlement les bras en avant, les poings à hauteur des épaules, en comptant *deux;* se relever, le corps d'aplomb, et laisser tomber les bras à leur première position, en comptant *trois.*

Continuer ainsi jusqu'au commandement de *Cessez.* (Fig. 13.)

A ce commandement, reprendre la première position.

Fig. 13.

2ᵉ EXERCICE. — Flexion des genoux sur les extrémités inférieures et mouvement vertical des bras ; en quatre temps.

53. Le professeur commande :

1. *Attention.*
2. *Flexion des genoux sur les extrémités inférieures et mouvement vertical des bras; en quatre temps.*
3. EN POSITION.
4. COMMENCEZ.
5. CESSEZ.

Au commandement de *En position,* rapprocher les pieds l'un contre l'autre et porter le haut du corps un peu en avant.

Au commandement de *Commencez*, abaisser le corps en pliant les jarrets, de manière que les cuisses touchent, autant que possible, les mollets, en comptant *un;* les bras tombant naturellement, le poids du corps portant sur la pointe des pieds, se relever, le corps d'aplomb, fléchir les bras et porter les poings aux épaules, en comptant *deux;* élever les bras verticalement, en comptant *trois;* ramener les poings à hauteur des épaules, en comptant *quatre,* et répéter le mouvement, en partant de cette dernière position.

Au commandement de *Cessez,* laisser tomber les bras à leur première position et ouvrir la pointe des pieds.

3ᵉ EXERCICE. — Flexion du corps en avant sur la cuisse droite (*ou gauche*) et mouvement vertical des bras; en quatre temps.

54. Le professeur commande :

1. *Attention.*
2. *Flexion du corps en avant sur la cuisse droite, et mouvement vertical des bras; en quatre temps.*
3. EN POSITION.

4. **Commencez.**

5. **Cessez.**

Au commandement de *En position,* porter le pied droit en avant, le jarret plié, la jambe gauche tendue.

Au commandement de *Commencez,* incliner fortement le haut du corps en avant en conservant le jarret gauche tendu, et porter les poings près du sol, en comptant *un;* se redresser, porter les poings aux épaules, en comptant *deux;* développer les bras verticalement, en comptant *trois;* ramener les poings aux épaules, en comptant *quatre.*

Continuer ainsi, en partant de cette dernière position, jusqu'au commandement de *Cessez.* A ce commandement, laisser tomber les bras à leur première position et rapprocher le talon droit du talon gauche.

Exécuter le même exercice sur la jambe gauche.

Cet exercice s'exécute aussi en pivotant sur les talons (*volte-face*).

4ᵉ Exercice. — Mouvement alternatif des bras (*flexion et extensi n*) et des jambes en avant; en quatre temps.

55. Le professeur commande :

1. *Attention.*

> 2. *Mouvement alternatif des bras et des jambes en avant; en quatre temps.*
> 3. COMMENCEZ.
> 4. CESSEZ.

Au commandement de *Commencez*, fléchir le bras droit et porter le poing à l'épaule, en comptant *un;* étendre le bras horizontalement en portant le pied droit en avant, en comptant *deux;* le jarret droit plié, la jambe gauche tendue, ramener le poing à l'épaule, en comptant *trois;* rapporter le talon droit à côté du gauche et laisser tomber le bras à sa première position, en comptant *quatre.* Continuer jusqu'au commandement de *Cessez.*

Exécuter le même mouvement avec les extrémités gauches.

5° EXERCICE. — **Mouvement simultané des bras** (*flexion et extension*) **et alternatif des jambes en avant; en quatre temps.**

56. Le professeur commande :
> 1. *Attention.*
> 2. *Mouvement simultané des bras et alternatif des jambes en avant; en quatre temps.*
> 3. COMMENCEZ.
> 4. CESSEZ.

Au commandement de *Commencez*, fléchir les bras et porter les poings aux épaules, en comptant *un;* étendre les bras horizontalement, en portant le pied droit en avant, en comptant *deux;* le jarret droit plié, la jambe gauche tendue, ramener les poings aux épaules, en comptant *trois;* rapporter le talon droit à côté du gauche et laisser tomber les bras à leur première position, en comptant *quatre.*

Continuer ce mouvement, des deux jambes alternativement, jusqu'au commandement de *Cessez.*

6ᵉ EXERCICE. — **Mouvement alternatif des bras et des jambes en avant, en portant ensuite les bras tendus sur les côtés; en quatre temps.**

57. Le professeur commande :

1. *Attention.*
2. *Mouvement alternatif des bras et des jambes en avant, en portant ensuite les bras tendus sur les côtés ; en quatre temps.*
3. COMMENCEZ.
4. CESSEZ.

Au commandement de *Commencez,* fléchir le bras droit et porter le poing à hauteur de l'épaule, en comptant *un;* développer le bras devant soi, en portant le pied droit en avant, le jarret fléchi, la jambe gauche tendue, en comptant *deux;* porter le bras latéralement, en comptant *trois;* le laisser tomber tendu à sa première position, et rapporter en même temps le pied droit à côté du gauche, en comptant *quatre.*

Exécuter le même mouvement avec les extrémités gauches, et continuer ainsi jusqu'au commandement de *Cessez.*

7° EXERCICE. — Mouvement simultané des bras et alternatif des jambes, en portant ensuite les bras tendus sur les côtés; en quatre temps.

58. Le professeur commande :

1. *Attention.*
2. *Mouvement simultané des bras et alternatif des jambes en avant, en portant ensuite les bras tendus sur les côtés; en quatre temps.*
3. COMMENCEZ.
4. CESSEZ.

Au commandement de *Commencez,* fléchir les bras et porter les poings à hauteur des épaules, en comptant *un;* développer les bras devant soi, en portant le pied droit en avant, le jarret fléchi, la jambe gauche tendue, en comptant *deux;* porter les bras latéralement, en comptant *trois;* les laisser tomber à leur première position et rapporter en même temps le pied droit à côté du gauche, en comptant *quatre.*

Continuer le mouvement des deux jambes alternativement, jusqu'au commandement de *Cessez.*

8° EXERCICE. — Flexion et extension simultanée et latérale des membres supérieurs, et alternative des membres inférieurs; en quatre temps.

59. Le professeur commande :

1. *Attention.*
2. *Flexion et extension simultanée et latérale des bras, et alternative des jambes; en quatre temps.*
3. COMMENCEZ.
4. CESSEZ.

Au commandement de *Commencez,* fléchir les bras et porter les poings à hauteur des épaules, en comptant *un;* étendre les bras en portant le pied droit sur le côté, en comptant *deux;* la pointe du pied en dehors, le jarret droit fléchi, la jambe gauche tendue, ramener les poings aux épaules, en comptant *trois;* rapporter le pied droit à côté du gauche et laisser tomber les bras à leur position, en comptant *quatre.*

Continuer le mouvement des deux jambes alternativement, jusqu'au commandement de *Cessez.*

9° EXERCICE. — **Flexion des jambes et mouvement horizontal des bras sur les côtés; en quatre temps.**

60. Le professeur commande :

1. *Attention.*
2. *Flexion des jambes et mouvement horizontal des bras sur les côtés; en quatre temps.*
3. EN POSITION.
4. COMMENCEZ.
5. CESSEZ.

Au commandement de *En position,* rapprocher les pieds l'un contre l'autre, et porter le haut du corps un peu en avant.

Au commandement de *Commencez,* abaisser lentement le corps en pliant les jarrets, de manière que les cuisses touchent les mollets, les bras pendant naturellement, le poids du corps sur la pointe des pieds, en comptant *un;* se relever ensuite graduellement, le corps d'aplomb, fléchir les bras et porter les poings aux épaules, en comptant *deux;* étendre les bras latéralement, en comptant *trois;* ramener les poings aux épaules, en comptant *quatre,* et continuer le mouvement, en partant de cette dernière position, jusqu'au commandement de *Cessez.* A ce commandement, laisser tomber les bras à leur position, et ouvrir la pointe des pieds.

10ᵉ Exercice. — Mouvement vertical des bras, en marchant au pas accéléré (*flexion et extension*); en quatre temps.

61. Le professeur commande :

1. *Attention.*
2. *Mouvement vertical des bras, en marchant au pas accéléré; en quatre temps.*
3. Marche.
4. Halte.

Au commandement de *Marche,* fléchir les bras et porter en même temps le pied gauche en avant, en comptant *un;* élever les bras verticalement et porter le pied droit en avant, en comptant *deux;* ramener les poings aux épaules et porter le pied gauche en avant, en comptant *trois;* descendre les mains à leur première position pour terminer sur le pied droit, en comptant *quatre.*

Continuer jusqu'au commandement de
Halte. A ce commandement, rapporter le
pied droit à côté du gauche, et reprendre
la première position.

11ᵉ **Exercice. — Mouvement latéral des
bras, en marchant au pas accéléré**
(*flexion et extension*); **en quatre temps.**

62. Le professeur commande :

1. *Attention.*
2. *Mouvement latéral des bras, en marchant au pas accéléré; en quatre
   temps.*
3. **Marche.**
4. **Halte.**

Au commandement de *Marche*, fléchir
les bras et porter en même temps le pied
gauche en avant, en comptant *un;* étendre
les bras sur les côtés, porter le pied droit
en avant, en comptant *deux;* ramener les
poings aux épaules et porter en même
temps le pied gauche en avant, en comptant *trois;* laisser tomber les bras à leur
première position pour terminer sur le
pied droit, en comptant *quatre,* et continuer
ainsi jusqu'au commandement de *Halte*.

12ᵉ Exercice. — Lancer les bras en avant, alternativement, en avançant au pas modéré; en deux temps.

63. Le professeur commande :

1. *Attention.*
2. *Lancez les bras en avant, alternativement, en avançant au pas modéré; en deux temps.*
3. Marche.
4. Halte.

Au commandement de *Marche,* lancer le bras droit tendu en avant, le poing à hauteur de l'épaule, et porter en même temps le pied droit en avant, en comptant *un;* ramener ensuite le bras droit tendu à sa première position, en comptant *deux.*

Exécuter le même mouvement avec les extrémités gauches, et continuer jusqu'au commandement de *Halte.*

A ce commandement, ramener le pied qui est en arrière à côté de l'autre, et reprendre la première position.

13ᵉ Exercice. — Lancer les bras en avant, simultanément, en avançant au pas modéré; en deux temps.

64. Le professeur commande :

1. *Attention.*

2. *Lancez les bras en avant simultanément, en avançant au pas modéré;
en deux temps.*

3. **MARCHE.**

4. **HALTE.**

Au commandement de *Marche*, lancer les bras tendus en avant, les poings à hauteur des épaules, et avancer en même temps le pied gauche, en comptant *un;* ramener les bras tendus à leur première position, en comptant *deux.*

Exécuter le même mouvement avec la jambe droite, et continuer ainsi jusqu'au commandement de *Halte.*

A ce commandement, ramener le pied qui est en arrière à côté de l'autre, et reprendre la première position.

14ᵉ EXERCICE. — Lancer les bras en avant, alternativement, en marchant en arrière; en deux temps.

65. Le professeur commande :

1. *Attention.*

2. *Lancez les bras en avant, alternativement, en marchant en arrière; en deux temps.*

3. **MARCHE.**

4. **HALTE.**

Au commandement de *Marche*, placer le bras droit tendu en avant, le poing à hauteur de l'épaule, et porter en même temps le pied droit en arrière, en comptant *un*, ramener ensuite le bras droit tendu à sa première position, en comptant *deux*.

Exécuter le même mouvement avec les extrémités gauches, et continuer ainsi jusqu'au commandement de *Halte*. Alors ramener le pied qui est en avant à côté de l'autre, et reprendre la première position.

15ᵉ Exercice. — Lancer les bras en avant, simultanément, en marchant en arrière, en deux temps.

66. Le professeur commande :

1. *Attention.*
2. *Lancez les bras en avant, simultanément, en marchant en arrière ; en deux temps.*
3. Marche.
4. Halte.

Au commandement de *Marche*, lancer les bras tendus en avant, les poings à hauteur des épaules, et porter en même temps le pied gauche en arrière, en comptant *un ;* ramener les bras tendus à leur première position, en comptant *deux*.

Exécuter le même mouvement avec le pied droit, et continuer ainsi jusqu'au commandement de *Halte.*

A ce commandement, rapporter le pied qui est en avant à côté de l'autre, et reprendre la première position.

16ᵉ Exercice. — Lancer alternativement les bras en avant, et les rapprocher du corps, dans la flexion, en avançant; en quatre temps.

67. Le professeur commande :

1. *Attention.*
2. *Flexion et extension alternative des bras, en avançant; en quatre temps.*
3. Marche.
4. Halte.

Au commandement de *Marche,* fléchir le bras droit, porter le poing à l'épaule et avancer en même temps le pied droit, en comptant *un;* étendre le bras en avant, en comptant *deux;* ramener le poing à l'épaule, en comptant *trois;* laisser tomber le bras à sa première position, en comptant *quatre.*

Exécuter le même mouvement avec les extrémités gauches, et continuer jusqu'au commandement de *Halte.*

A ce commandement, rapporter le pied qui est en arrière à côté de l'autre, et reprendre la première position.

17ᵉ Exercice. — **Lancer simultanément les bras en avant, et les rapprocher du corps dans la flexion, en avançant; en quatre temps.**

68. Le professeur commande :

1. *Attention.*
2. *Flexion et extension simultanée des bras en avançant, en quatre temps.*
3. Marche.
4. Halte.

Au commandement de *Marche*, fléchir les bras, porter les poings à hauteur des épaules et avancer en même temps le pied gauche, en comptant *un;* étendre les bras en avant, en comptant *deux;* ramener les poings aux épaules, en comptant *trois;* laisser tomber les bras à leur première position, en comptant *quatre.*

Exécuter le même mouvement avec la jambe droite, et continuer jusqu'au commandement de *Halte.*

A ce commandement, ramener le pied qui est en arrière à côté de l'autre, et reprendre la première position.

18ᵉ Exercice. — Porter les bras en avant, et ensuite tendus sur les côtés, au pas accéléré; en quatre temps.

69. Le professeur commande :

1. *Attention.*
2. *Porter les bras en avant, et ensuite tendus sur les côtés, au pas accéléré; en quatre temps.*
3. Marche.
4. Halte.

Au commandement de *Marche,* fléchir les bras et porter en même temps le pied gauche en avant, en comptant *un;* développer les bras en avant et avancer le pied droit, en comptant *deux;* étendre les bras latéralement et porter le pied gauche en avant, en comptant *trois;* laisser tomber les bras à leur première position pour terminer sur le pied droit, en comptant *quatre,* et continuer ainsi jusqu'au commandement de *Halte.*

A ce commandement, rapporter le pied droit à côté du gauche, et reprendre la première position.

19ᵉ Exercice. — Porter les bras en avant, alternativement, et les ramener dans l'extension sur les côtés du corps, en

avançant la jambe du même côté; en quatre temps.

70. Le professeur commande :

1. *Attention.*
2. *Mouvement alternatif des bras et des jambes en avant, en portant ensuite les bras tendus sur les côtés; en quatre temps.*
3. Marche.
4. Halte.

Au commandement de *Marche,* fléchir le bras droit et porter en même temps le pied droit en avant, en comptant *un;* développer le bras en avant, en comptant *deux;* le porter tendu sur le côté, en comptant *trois;* le laisser tomber à sa première position, en comptant *quatre.*

Exécuter le même mouvement avec les extrémités gauches, et continuer ainsi jusqù'au commandement de *Halte.*

A ce commandement, ramener le pied qui est en arrière à côté de l'autre, et reprendre la première position.

20ᵉ Exercice. — **Porter les bras en avant, alternativement, et les ramener dans l'extension sur les côtés du corps, en marchant en arrière; en quatre temps.**

71. Le professeur commande :

1. *Attention.*
2. *Porter alternativement les bras en avant, et les ramener ensuite tendus sur les côtés, en marchant en arrière; en quatre temps.*
3. MARCHE.
4. HALTE.

Au commandement de *Marche*, fléchir le bras-droit et porter en même temps le pied droit en arrière, en comptant *un;* développer le bras en avant, en comptant *deux;* le porter tendu sur le côté, en comptant *trois;* le laisser tomber à sa première position, en comptant *quatre.*

Exécuter le même mouvement avec les extrémités gauches, et continuer ainsi jusqu'au commandement de *Halte.*

A ce commandement, rapporter le pied qui est en avant à côté de l'autre, et reprendre la première position.

21ᵉ EXERCICE. — Porter les bras en avant simultanément; et les ramener dans l'extension sur les côtés du corps, en avançant; en quatre temps.

72. Le professeur commande:

1. *Attention.*
2. *Mouvement simultané des bras et alter-*

natif des jambes en avant, en por-
tant ensuite les bras tendus sur les
côtés; en quatre temps.

3. MARCHE.

4. HALTE.

Au commandement de *Marche,* fléchir les bras et porter en même temps le pied gauche en avant, en comptant *un;* développer les bras en avant, en comptant *deux;* les porter tendus sur les côtés, en comptant *trois;* les laisser tomber à leur première position, en comptant *quatre.*

Exécuter le même mouvement avec la jambe droite et continuer ainsi jusqu'au commandement de *Halte.*

A ce commandement, ramener le pied qui est en arrière à côté de l'autre, et reprendre la première position.

22ᵉ EXERCICE. — Porter les bras en avant simultanément, et les ramener dans l'extension sur les côtés du corps, en marchant en arrière; en quatre temps.

78. Le professeur commande :

1. *Attention.*

2. *Porter simultanément les bras en avant, et les ramener ensuite tendus sur les côtés, en marchant en arrière; en quatre temps.*

3. Marche.
4. Halte.

Au commandement de *Marche,* fléchir les bras et porter en même temps le pied gauche en arrière, en comptant *un;* développer les bras en avant, en comptant *deux;* les porter tendus sur les côtés, en comptant *trois,* les laisser tomber à leur première position, en comptant *quatre.*

Exécuter le même mouvement avec la jambe droite, et continuer ainsi jusqu'au commandement de *Halte.*

A ce commandement, rapporter le pied qui est en avant à côté de l'autre, et reprendre la première position.

23ᵉ **Exercice. — Porter les bras en avant, alternativement, et les ramener dans l'extension sur les côtés du corps, en avançant la jambe du côté opposé; en quatre temps.**

74. Le professeur commande :
1. *Attention.*
2. *Mouvement alternatif des extrémités opposées, en avançant; en quatre temps.*
3. Marche.
4. Halte.

Au commandement de *Marche*, fléchir le bras droit, et porter en même temps le pied gauche en avant, en comptant *un;* développer le bras en avant, en comptant *deux;* le porter tendu sur le côté, en comptant *trois;* le laisser tomber à sa première position, en comptant *quatre.*

Exécuter le même mouvement avec le bras gauche et la jambe droite, et continuer ainsi jusqu'au commandement de *Halte.*

A ce commandement, rapporter le pied qui est en arrière à côté de l'autre, et reprendre la première position.

24ᵉ Exercice. — Porter les bras en avant, alternativement, et les ramener dans l'extension sur les côtés du corps en marchant en arrière; en quatre temps.

75. Le professeur commande :

1. *Attention.*
2. *Mouvement alternatif des extrémités opposées, en marchant en arrière; en quatre temps.*
3. Marche.
4. Halte.

Au commandement de *Marche*, fléchir le bras droit, et porter en même temps le pied gauche en arrière, en comptant *un* développer le bras en avant, en comptant *deux;* le porter tendu sur le côté, en comptant *trois;* le laisser tomber à sa première position, en comptant *quatre.*

Exécuter le même mouvement avec le bras gauche et la jambe droite, et continuer ainsi jusqu'au commandement de *Halte.*

A ce commandement, rapporter le pied qui est en avant à côté de l'autre, et reprendre la première position.

25ᵉ EXERCICE. — Flexion du tronc sur la cuisse en marchant en avant, et mouvement vertical des bras (*flexion et extension*); en quatre temps.

76. Le professeur commande :

1. *Attention.*
2. *Flexion du tronc sur la cuisse en marchant en avant, et mouvement vertical des bras; en quatre temps.*
3. MARCHE.
4. HALTE.

Au commandement de *Marche,* porter le pied gauche en avant, le jarret plié, la jambe droite tendue; incliner fortement le haut du corps en avant, en conservant le jarret droit tendu, et porter les poings près du sol, en comptant *un;* se redresser, porter les poings aux épaules, en comptant *deux;* développer les bras verticalement, en comptant *trois;* ramener les poings aux épaules, en comptant *quatre.*

Exécuter le même mouvement sur la jambe droite, en partant de cette dernière position, et continuer ainsi jusqu'au commandement de *Halte.*

A ce commandement, rapporter le pied qui est en arrière à côté de l'autre, et reprendre la première position.

26ᵉ EXERCICE. — **Flexion du tronc sur la cuisse en marchant en arrière, et mouvement vertical des bras** (*flexion et extension*); **en quatre temps.**

77. Le professeur commande :

1. *Attention.*
2. *Flexion du tronc sur la cuisse en marchant en arrière, et mouvement vertical des bras; en quatre temps.*
3. MARCHE.
4. HALTE.

Au commandement de *Marche,* porter le pied gauche en arrière, le jarret droit plié, la jambe gauche tendue; incliner le haut du corps en avant, en conservant le jarret gauche tendu, et porter les poings près du sol, en comptant *un;* se redresser, porter les poings aux épaules, en comptant *deux;* développer les bras verticalement, en comptant *trois;* ramener les poings aux épaules, en comptant *quatre.*

Exécuter le même mouvement en portant le pied droit en arrière, et continuer jusqu'au commandement de *Halte.*

A ce commandement, rapporter le pied qui est en avant à côté de l'autre, et reprendre la première position.

CHAPITRE II.

MARCHES ET DIFFÉRENTES COURSES.

ART. 1ᵉʳ. — MARCHES.

78. L'exercice de la marche sera l'objet d'une attention particulière ; il importe de lui donner les mêmes règles que celles qui servent à l'armée. Les promenades gymnastiques seront une très utile préparation aux marches militaires ; on se conformera, dans l'application, à l'ensemble des mesures générales suivantes :

Les marches auront, autant que possible, un but attrayant et utile, un site pittoresque un vieux château, des ruines importantes, un lieu historique, un champ de bataille, une usine à visiter, etc.

Elles seront progressives, réglées sur la nature du pays et la moyenne des forces des élèves; elles varieront de 8 à 16 kilomètres, limite qu'elles ne pourront que rarement et exceptionnellement dépasser.

Toutes les heures, il sera fait une halte de cinq à dix minutes; la première, toutefois, aura lieu quarante minutes après le départ; elle a pour objet de permettre aux élèves de rectifier une défectuosité de détail dans leur chaussure ou dans leur habillement.

79. Lorsque les promenades dépasseront 10 kilomètres, elles seront coupées dans leur deuxième moitié par un repos d'au moins une demi-heure. Le pas devra être réglé par le professeur ou l'instructeur de manière que la marche s'effectue d'une manière uniforme, sans à-coup ni temps d'arrêt; que les premiers kilomètres soient parcourus en quatorze minutes et qu'on arrive progressivement, au bout d'un certain nombre de promenades, à franchir les autres kilomètres en treize, puis en douze minutes.

Au départ, les élèves étant formés sur deux rangs en une ou plusieurs sections alignées de vingt à trente files, le maître, assisté de l'instructeur, en passera l'inspection pour s'assurer que la tenue de chaque élève est correcte. Son attention se portera plus particulièrement sur la chaussure. Il exclura des promenades les élèves qui, chaussés d'une manière défectueuse, pourraient se blesser et contracter de mauvaises habitudes. Les chaussures à talons trop hauts, les chaussures déformées ne seront point admises.

Les sections marcheront par le flanc, les rangs doublés [1]; elles pourront dédoubler et doubler les files pendant leur trajet en ville [2], et, parvenues sur la grande route, elles marcheront : le premier rang doublé à gauche (ou à droite) de la route, le second rang doublé à droite (ou à gauche), suivant que l'on marchera par le flanc droit ou le flanc gauche, laissant ainsi le milieu de la route libre.

L'instructeur commandera alors :

Pas de route.

A ce commandement, les élèves ne se-

----

[1] Voir titre II, *Exercices militaires,* n° 119.
[2] *Ibid.,* n°ˢ 125 et 126.

ront plus tenus de marcher au pas cadencé
ni d'observer le silence.

Pour rompre la monotonie de la marche,
le maître ou l'instructeur pourra parfois
autoriser à marcher librement et sans ordre
pendant un temps limité.

ART. 2. — COURSES OU PAS GYMNASTIQUES.

80. La course est l'un des exercices les
plus importants de la gymnastique; à lui
seul il constitue un exercice complet et il
contribue notablement à développer les
aptitudes viriles qu'il importe de donner à
la jeunesse.

Le professeur préparera donc avec soin
les élèves aux différentes cadences de la
coürse, qui sont les suivantes :

Cadence modérée : 140 mouvements par
minute;

Cadence rapide : 200 mouvements par
minute;

Course de vélocité : 240 mouvements par
minute.

81. La longueur du pas pourra varier,
chez les enfants de neuf à seize ans, de 65
à 80 centimètres. En général, ce sont les

premières longueurs qu'il faut adopter et maintenir même dans la course de vélocité, en faisant remarquer que c'est bien plutôt l'augmentation de la cadence que celle de la longueur du pas qui détermine la rapidité ; cependant, selon les circonstances, le professeur pourra commander le pas allongé à des groupes d'élèves choisis.

82. Il sera bon de préparer les élèves à la course par le pas gymnastique sur place. Cet exercice se distingue du *piaffer* en ce qu'on n'élève le genou en avant que de 10 centimètres environ au-dessus du sol. On veillera à ce que les élèves lèvent le genou en avant en allongeant le pied, de manière que le pied détaché du sol retombe sur son tiers antérieur au plus et non sur une plus grande étendue ; le mouvement doit s'effectuer selon le plan antéro-postérieur du corps et non obliquement ; cette prescription est très importante en vue d'éviter de poser obliquement le pied sur le sol.

83. Pendant la course, le corps sera légèrement penché en avant, de telle sorte que la propulsion par les pieds s'effectue obliquement et non verticalement ; les coudes seront en demi-flexion, dégagés du corps, les mains fermées, les bras oscillant naturellement.

84. La respiration joue pendant la course un rôle capital; l'expérience comme la science ont appris qu'il faut inspirer par le nez méthodiquement, et expirer par la bouche. On recommandera aux élèves d'observer leur respiration et de s'efforcer de la régler d'après les mêmes principes en faisant de profondes inspirations nasales; de bonnes habitudes prises au début dans cet exercice la rendront plus facile.

85. La durée de la course sera progressivement accrue, selon les lieux et les saisons; dans les endroits clos, sur le sable, sur la sciure de bois ou sur le plancher, on ne devra jamais la prolonger au delà de cinq ou dix minutes, à cause des poussières soulevées par les coureurs; mais sur un sol sans poussière et en plein air, sur un terrain plat, on arrivera graduellement, en commençant par une course de quatre minutes au plus avec reprise, à faire exécuter *de 1 à 3 kilomètres* au pas de course, selon l'âge : 1 kilomètre jusqu'à onze ans, 2 kilomètres jusqu'à quatorze, 3 kilomètres au delà; ce chiffre en sera jamais dépassé.

86. Dans les promenades gymnastiques, on entremêlera toujours la marche aux différents pas avec les courses; jamais la course ne commencera ni ne cessera brusquement : elle sera toujours précédée et suivie d'une marche au pas accéléré (115 mouvements par minute), d'au moins trois minutes.

Les doublements et les dédoublements des files, les formations de pelotons, de sections, les mouvements de flanc et de front, les demi-tours, pourront s'exécuter au pas de course modéré.

87. Une attention particulière sera donnée aux chaussures pendant les marches et les courses; on recommandera le brodequin lacé à talons plats.

Tous les élèves qui présenteront une inaptitude notoire à la course seront signalés au directeur ou au médecin.

Pour tout ce qui a trait aux marches et aux promenades gymnastiques, le professeur se reportera à l'école du soldat.

Les principes des courses comprennent cinq exercices :

1ᵉʳ EXERCICE. — Course dans les chaînes gymnastiques.

88. Les élèves étant placés dans les chaînes gymnastiques, sur un rang, par le flanc et à trois pas d'intervalle, le professeur commande :

1. *En avant.*
2. *Pas gymnastique.*
3. MARCHE.
4. HALTE.

Au commandement de *En avant,* porter tout le poids du corps sur la jambe droite.

A celui de *Pas gymnastique,* placer les mains à hauteur des hanches, les doigts fermés, les ongles en dedans, les coudes en arrêt.

Au commandement de *Marche,* porter vivement le pied gauche en avant, la jambe légèrement ployée, poser la pointe du pied à terre, à un mètre du pied droit, passer la jambe droite de la même manière, et continuer ainsi en portant le poids du corps sur la jambe qui pose à terre et en laissant aux bras leur mouvement naturel.

Le premier élève (un professeur adjoint ou un élève bien dressé) parcourt successivement toutes les sinuosités des chaînes, sans s'arrêter; les autres le suivent en conservant leur distance.

Lorsque les élèves se rencontrent aux intersections des cercles (ou pistes), ils raccourcissent ou allongent le pas, afin de ne pas se heurter, et pour éviter que deux élèves ne passent dans le même intervalle. (Fig. 14.)

Le professeur se place de manière à surveiller cet exercice dans tous ses détails et arrête le peloton lorsqu'il le juge convenable.

La vitesse du pas de course cadencée est de 200 mouvements par minute.

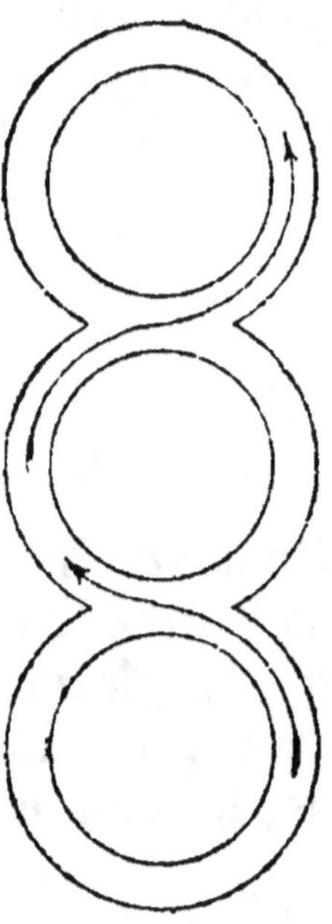

Fig. 14.

2ᵉ EXERCICE. — **Course sinueuse.**

89. Les élèves étant sur un rang et par le flanc (*un moniteur placé en tête*), le professeur commande :

1. *En avant.*

2. PAS GYMNASTIQUE.

3. MARCHE.

Au commandement de *Pas gymnastique,*
prendre la position prescrite à l'exercice
précédent.

Au commandement de *Marche,* les élèves
se mettent en mouvement et suivent le
moniteur qui leur fait décrire en courant,
tantôt un demi-cercle, tantôt un cercle; quel
quefois il rétrograde; il avance, il va à
droite et à gauche, etc., d'après l'indication
du professeur.

3ᵉ EXERCICE. — **Course en spirale.**

90. Les élèves étant placés sur un rang
et par le flanc, le professeur les fait courir
en cercle, et commande ensuite :

FORMEZ LA SPIRALE.

À ce commandement, le moniteur, placé
en tête du peloton, entre dans le cercle et
forme la spirale, en diminuant la circonférence jusqu'à ce qu'il soit arrivé au point
de centre.

Arrivé à ce point, il tourne à droite, ou
à gauche, et développe la spirale en revenant en sens contraire du peloton qui continue à suivre ses traces, jusqu'au commandement de *Section* — HALTE.

4° EXERCICE. — Course en arrière.

91. Le professeur commande :

1. *En arrière.*
2. *Pas de course.*
3. MARCHE.

Au commandement de *En arrière*, porter tout le poids du corps sur le pied droit.

Au commandement de *Marche*, porter rapidement le pied gauche en arrière sans tourner la tête, placer la pointe du pied à terre à 25 ou 3o centimètres du droit, porter le pied droit en arrière de la même manière, et continuer ainsi pendant trente ou quarante pas seulement.

5° EXERCICE. — Course de vélocité.
(15o mètres au plus.)

92. Le professeur commande :

1. *Course de vélocité.*
2. MARCHE.

Au commandement de *Course de vélocité*, avancer le pied droit à 33 centimètres du pied gauche, le genou droit fléchi, la jambe gauche tendue; incliner le haut du corps en avant, et les bras libres.

Au commandement de *Marche*, s'élancer vivement vers le but indiqué, en donnant à la course la plus grande rapidité possible.

La longueur du pas dans cette course est indéterminée.

L'instructeur s'attachera à faire comprendre que le plus sûr moyen de courir vite est de précipiter le pas sans l'allonger.

Les élèves ne perdront pas de vue que tout en donnant à leur course la plus grande rapidité possible, ils doivent ménager leurs forces de manière à pouvoir atteindre le but.

CHAPITRE III.

SAUTS.

Les exercices des sauts sont au nombre de quatorze.

ART. 1ᵉʳ. — SAUTS CONTINUS SUR UN PIED.

1ᵉʳ EXERCICE. — **Sauts continus en avant, sur le pied droit (*ou* gauche).**

94. Cet exercice s'exécute d'abord individuellement, et ensuite par peloton.

Le professeur commande :

1. *Sauts continus en avant sur le pied droit.*
2. EN POSITION.
3. MARCHE.

Au commandement de *En position*, l'élève porte la jambe gauche et les bras tendus en arrière, fléchit un peu la jambe droite en inclinant le haut du corps en avant.

Au commandement de *Marche*, l'élève lance les bras vigoureusement en avant, étend en même temps le jarret droit et saute sans que le pied gauche touche terre. Aussitôt que le pied pose à terre, il reporte vivement les bras tendus en arrière, les relance aussitôt en avant, étend le jarret et saute de nouveau.

Il continue ainsi, sans interruption, en graduant les sauts, de manière que le premier soit le plus petit et le dernier le plus grand.

Il termine toujours en tombant sur les deux pieds, les bras tendus en avant.

Les sauts continus en avant sur le pied gauche s'exécutent d'après les mêmes principes.

ART. 2. — SAUTS À PIEDS JOINTS.

2° EXERCICE. — Sauts en largeur en avant.

95. Le professeur commande :

1. *Attention.*
2. *Saut en largeur en avant.*
3. Un.
4. Deux.
5. Trois.

Au commandement de *Saut en largeur en avant*, l'élève ferme la pointe des pieds.

A celui de *Un*, il fléchit sur les extrémités inférieures, en soulevant légèrement les talons et en tendant les bras en arrière, les poings fermés. (Fig. 15.) Il se redresse, les bras tombant naturellement.

Au commandement de *Deux*, il répète ce mouvement.

Au commandement de *Trois*, il recommence le même mouvement, étend vivement les jarrets en jetant les bras en avant, franchit la distance ou l'obstacle, tombe sur la pointe des pieds, fléchit et se redresse. (Fig. 16.)

Fig. 16.

3ᵉ EXERCICE. — Saut en hauteur.

96. L'élève étant de pied ferme devant un banc, le professeur commande :

1. *Attention.*
2. *Saut en hauteur.*
3. UN.
4. DEUX.
5. TROIS.

A ces divers commandements, l'élève exécute ce qui a été prescrit pour le saut en largeur, avec cette différence qu'au commandement de *Trois,* il lance les bras en l'air pour aider à l'ascension du corps.

Lorsque le banc est trop près pour permettre d'enlever les jambes en avant,
l'élève les ploie en arrière. (Fig. 17.)

Fig. 17.

4° Exercice. — Saut en profondeur simple.

97. L'élève étant monté sur un mur,
un banc, etc., le professeur commande :

1. *Attention.*
2. *Saut en profondeur simple en avant.*

6.

3. **Un.**
4. **Deux.**
5. **Trois.**

Au commandement de *Saut en profon-*

Fig. 18.

deur simple en avant, l'élève ferme la pointe
des pieds et les place légèrement en saillie.
Au commandement de *Un*, il fléchit légè-

ement les extrémités inférieures en portant les poings en l'air, les bras tendus parallèlement et revient à sa position.

Au commandement de *Deux*, il répète
ce mouvement.

Au commandement de *Trois*, il fléchit
de nouveau sur les extrémités inférieures,
de manière à diminuer le plus possible la
hauteur du corps, quitte l'élévation où il
se trouve en allongeant les jambes et en
portant les bras en l'air, tombe sur la
pointe des pieds en fléchissant et reprend
sa première position. (Fig. 18.)

5ᵉ EXERCICE. — Saut en largeur et profondeur en avant.

98. L'élève étant monté sur un mur,
le professeur commande :

1. *Attention.*
2. *Saut en largeur et profondeur.*
3. UN.
4. DEUX.
5. TROIS.

A ces divers commandements, l'élève
exécute ce qui a été prescrit pour le saut
en largeur, en ayant soin toutefois de porter

les bras en avant, au départ, et en l'air à
la chute. (Fig. 19.)

Fig. 19.

6ᵉ EXERCICE. — Saut en largeur
et hauteur.

99. Le professeur fait placer l'élève à
quelque distance de l'objet sur lequel il
doit sauter et commande :

1. *Attention.*
2. *Saut en largeur et hauteur.*

Fig. 20.

3. Un.

4. Deux.

5. Trois.

Ce saut s'exécute comme le saut en hauteur, avec cette différence qu'il faut porter les bras en avant, puis en l'air en mesurant la force du mouvement à la hauteur du point sur lequel on doit arriver. (Fig. 20.)

7ᵉ Exercice. — **Saut en hauteur et profondeur.**

100. Le professeur fait placer l'élève près de l'objet qu'il doit franchir et commande :

1. *Attention.*
2. *Saut en hauteur et profondeur.*
3. Un.
4. Deux.
5. Trois.

A ces divers commandements, l'élève
exécute ce qui a été prescrit pour le saut

Fig. 21.

en hauteur; mais au lieu de s'arrêter sur
l'obstacle, il le franchit, et se conforme,
en tombant, aux principes du saut en profondeur simple. (Fig. 21.)

8ᵉ Exercice. — Saut en largeur, hauteur et profondeur.

101. L'élève étant de pied ferme, et ayant à franchir un obstacle en largeur,

Fig. 22.

hauteur et profondeur, le professeur commande :

1. *Attention.*
2. *Saut en largeur, hauteur et profondeur.*
3. Un.

4. Deux.
5. Trois.

Ce saut s'exécute d'après les principes prescrits pour le saut en largeur et hauteur; mais au lieu de s'arrêter sur l'obstacle, l'élève prend assez d'élan pour passer par-dessus et arriver de l'autre côté, de la manière indiquée pour le saut en largeur et profondeur. Il n'est pas nécessaire que le terrain au delà de l'obstacle soit de niveau avec le point de départ. (Fig. 22.)

9ᵉ Exercice. — Saut en largeur, vers la droite ou vers la gauche.

102. Le professeur commande :

1. *Attention.*
2. *Saut en largeur vers la droite.*
3. Un.
4. Deux.
5. Trois.

Au commandement de *Saut en largeur vers la droite*, l'élève ferme la pointe des pieds.

Au commandement de *Un*, il fléchit les jarrets en tendant les bras vers la gauche et se redresse, les bras tombant naturellement.

Au commandement de *Deux*, il répète ce mouvement.

Au commandement de *Trois*, il recommence ce mouvement avec plus d'énergie,

Fig. 23.

fléchit légèrement les extrémités inférieures, s'élance vers la droite, le plus loin possible, en jetant vivement les bras dans la même direction, tombe sur la pointe des pieds, fléchit et se redresse. (Fig. 23.)

Le saut en largeur à gauche s'exécute d'après les mêmes principes.

10ᵉ EXERCICE. — **Saut en largeur et profondeur, vers la droite ou vers la gauche.**

103. Ce saut est le même que le précédent, mais exécuté d'un point élevé : l'élève lance les bras à droite au départ et en l'air à la chute.

11ᵉ EXERCICE. — Saut en largeur en arrière.

104. Le professeur commande :

1. *Attention.*
2. *Saut en largeur en arrière.*
3. Un.
4. Deux.
5. Trois.

Au commandement de *Saut en largeur en arrière*, l'élève ferme la pointe des pieds.

Au commandement de *Un*, il fléchit sur les jambes, porte les bras en avant et se redresse, les bras tombant naturellement.

Au commandement de *Deux*, il recommence.

Au commandement de *Trois*, il fléchit de nouveau sur les jambes en portant les bras en avant, puis, par un mouvement vif et simultané d'extension des jambes et de

rétraction des bras, il s'élance en arrière.
(Fig. 24.)

Fig. 24.

12ᵉ EXERCICE. — **Saut en profondeur simple en arrière.**

105. Les élèves sont placés sur un mur.

Ce saut s'exécute comme le précédent, avec cette différence que l'élève ne se donne qu'une très légère impulsion en arrière et élève les bras en tombant.

13ᵉ Exercice. — **Saut en largeur et profondeur en arrière.**

106. Il s'exécute comme le précédent, en prenant un élan plus énergique pour franchir le plus d'espace possible.

14ᵉ Exercice. — **Saut en profondeur en arrière, en prenant un point d'appui avec les mains.**

107. L'élève étant debout sur un mur, une poutre ou une plate-forme, le professeur commande :

1. *Attention.*
2. *Saut en profondeur en arrière, en prenant un point d'appui.*
3. Un.
4. Deux.
5. Trois.

Au commandement de *Saut en profondeur en arrière, en prenant un point d'appui,* l'élève jette un coup d'œil sur l'endroit où il doit tomber, se retourne, joint la pointe des pieds, met les talons en saillie, fléchit sur les extrémités inférieures, le haut du corps en avant, place les mains en dehors des pieds et saisit le bord du mur, les quatre doigts en dessus, le pouce en dessous.

Au commandement de *Un*, il soulève légèrement le corps sans bouger les mains,
en appuyant sur la pointe des pieds.

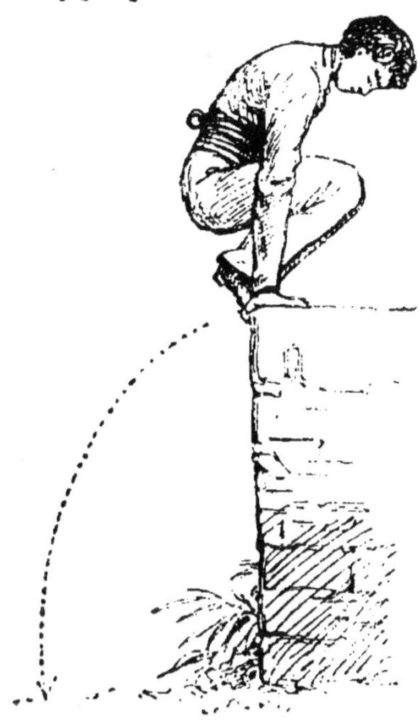

Fig. 5.

Au commande-
ment de *Deux*, il
recommence.

Au commande-
ment de *Trois*, il
recommence en-
core, lance les
jambes en arrière
en les allongeant
ainsi que le corps,
détache les mains,
tombe à terre
en fléchissant et
porte le haut du
corps en avant
les bras en l'air.
(Fig. 25.)

Ce saut s'exécute aussi en largeur et
profondeur, en lançant les jambes et le
corps presque horizontalement en arrière.

Art. 3. — Sauts continus à pieds joints.

108. Les sauts continus à pieds joints
s'exécutent d'après les principes du saut en
avant de pied ferme.

Dès que l'élève a exécuté son premier saut, il reporte vivement les bras tendus en arrière, les relance de suite en avant, étend les jarrets et saute de nouveau. Il continue ainsi, sans interruption, en graduant les sauts, de telle sorte que le premier soit le plus petit et le dernier le plus grand.

Art. 4. — Sauts précédés d'une course.

Ces sauts comprennent six exercices :

1er Exercice. — Saut en largeur en avant.

109. Le professeur désigne successivement chaque élève, qui se porte à 12 ou 15 pas du sautoir ou de l'obstacle à franchir.

A l'avertissement du professeur, l'élève désigné part vivement, en observant de faire les mouvements de progressions d'autant plus précipités qu'il approche davantage du point indiqué ; arrivé à ce point, il presse le sol du pied qui est en avant, donne un fort mouvement d'extension à la jambe, s'élance le plus loin possible ; le corps ramassé, les jambes ployées et réunies, les poings fermés, les bras tendus parallèlement et à hauteur des épaules, tombe à terre sur la pointe des pieds et fléchit, en conservant les bras tendus en avant, la tête droite.

2ᵉ EXERCICE. — Saut en largeur et profondeur.

3ᵉ EXERCICE. — Saut en largeur et hauteur.

4ᵉ EXERCICE. — Saut en largeur, hauteur et profondeur.

110. Ces différents sauts, précédés d'une course, s'exécutent d'après les principes prescrits pour le saut précédent, en se conformant toutefois, pour la position des bras, à ce qui est indiqué pour les sauts à pieds joints.

Fig. 26.

Dans les sauts en hauteur, plus l'obstacle à franchir est élevé, plus la distance du point de départ doit être grande, et plus on doit rassembler le corps. (Fig. 26.)

111. Pour l'exécution des sauts précédents, le professeur peut partager les élèves en deux sections qu'il place par le flanc, la tête de chaque rang faisant face au sautoir ou à l'obstacle. A un signal du professeur, le n° 1 de chaque section exécute le saut prescrit, dépasse l'obstacle, converse en dehors et regagne la gauche de la section; le numéro suivant exécute les mêmes mouvements, et ainsi de suite dans chaque section, jusqu'au commandement de *Halte* du professeur.

Comme complément des exercices du saut, le professeur dispose un terrain propre à faire l'application de tous les principes prescrits; à cet effet, il y place des bancs, des barrières, des tables, des pierres, etc.

5ᵉ **EXERCICE. — Saut en largeur avec élan, en prenant le point d'appui sur les deux pieds.**

112. A l'avertissement du professeur, l'élève placé à quelques pas du sautoir s'y dirige par une course progressive, mais moins rapide cependant que pour le saut en largeur ordinaire. Arrivé au point où il doit exécuter le saut en largeur, il frappe le sol des deux pieds, imprime un fort mouvement d'extension aux jarrets, redresse le haut du corps, s'élance le plus loin possible, les jambes pliées en avant et réunies, les bras tendus parallèlement, les poings à hauteur des épaules, et tombe à terre d'après les principes indiqués.

6° EXERCICE. — **Saut en hauteur avec élan, en prenant le point d'appui sur les deux pieds.**

113. Cet exercice s'exécute comme le précédent, avec cette différence que l'élève, en sautant, raccourcit les jambes en levant les genoux le plus possible et lance les bras en l'air, les poings au-dessus de la tête, l'impulsion devant être donnée de bas en haut.

OBSERVATIONS GÉNÉRALES.

114. Les circonstances dans lesquelles le saut doit être exécuté sont souvent imprévues et demandent une décision prompte. Il importe que les élèves se pénètrent des principes suivants, de manière à en faire, en toute circonstance, l'application spontanée.

1° Juger rapidement, de l'œil, l'obstacle ainsi que le terrain en deçà et au delà.

On reconnaît le terrain en deçà pour bien choisir le point du principal élan; sur un terrain trop lisse, le pied peut glisser; sur un terrain mou, il ne trouve pas de point d'appui solide.

Par l'inspection du sol au delà de l'obstacle, on choisit son point d'arrivée; on prévoit les difficultés qu'on y rencontrera.

Une différence de niveau entre le point de départ et le point de chute modifie sensiblement l'amplitude du saut.

2° La respiration doit être suspendue pendant le saut, et l'air dont la poitrine a été préalablement remplie doit être expiré au moment où l'élève retombe à terre.

3° Dans les sauts en largeur et en hauteur, projeter brusquement les poings fermés dans la direction que doit suivre le corps, afin d'augmenter l'impulsion donnée par les jambes.

4° Dans les sauts en profondeur, élever les bras verticalement dès que le corps commence à descendre.

Afin que le corps, arrivant à terre sur la pointe des pieds, puisse s'affaisser verticalement sans perdre son aplomb.

5° Conserver les bras, pendant toute la durée du saut, dans la position parallèle qu'ils avaient au départ.

Pour éviter de déranger l'équilibre.

6° Dans les sauts en largeur, pencher le corps en avant.

Pour que, les jambes agissant sur lui plus obliquement, leur impulsion soit plus efficace.

La recommandation de précipiter les derniers mouvements de la course dont on fait précéder le saut a pour principal avantage de permettre d'incliner le corps le plus possible.

7° Tomber sur la pointe des pieds, les jambes réunies, en fléchissant toutes les articulations que présente le corps de haut en bas.

Afin que la secousse ne soit transmise à la tête qu'atténuée par de nombreuses décompositions. Les articulations des pieds concourent efficacement à ce résultat, et il serait dangereux d'en annihiler l'emploi en tombant sur la plante des pieds et surtout sur les talons.

8° Éviter un affaissement trop brusque du corps; à cet effet, donner à toutes les articulations fléchies un mouvement général et souple

de redressement, de manière à former un léger
bond sur place.

9° En arrivant à terre, s'abstenir de tout mouvement inutile, de toute position raide et gênée
ou qui ne tendrait pas à rétablir l'équilibre.

CHAPITRE IV.

ÉQUILIBRES.

Les équilibres comprennent neuf exercices :

1ᵉʳ EXERCICE. — **Se tenir sur une jambe,
l'autre ployée en avant.**

115. Le professeur commande :

1. *Attention.*
2. *Équilibre sur le pied droit, la jambe
   gauche ployée en avant.*
3. EN POSITION.
4. *En place —* REPOS.

Au commandement de *Équilibre sur le
pied droit, la jambe gauche ployée en avant,*
porter tout le poids du corps sur le pied
droit.

Au commandement de *En position,* lever le genou gauche le plus haut possible, placer

Fig. 27.

les doigts croisés sur le milieu de la jambe, serrer le plus possible la cuisse contre le ventre et la jambe contre la cuisse, le pied tombant naturellement, le corps droit. Se tenir dans cette position jusqu'au commandement de *En place* — REPOS. A ce commandement, lâcher la jambe gauche et revenir à la position. (Fig. 27.)

L'équilibre sur le pied gauche s'exécute d'après les mêmes principes.

2ᵉ EXERCICE. — Se tenir sur une jambe, l'autre ployée en arrière.

116. Le professeur commande :

1. *Attention.*
2. *Équilibre sur le pied droit, la jambe gauche ployée en arrière.*

3. En position.

4. *En place* — repos.

Au commandement de *Équilibre sur le pied droit, la jambe gauche ployée en arrière,* porter tout le poids du corps sur le pied droit.

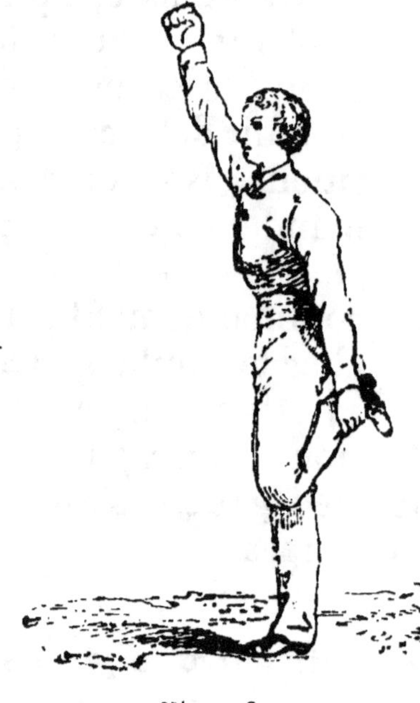

Fig. 28.

Au commandement de *En position,* fléchir la jambe gauche en arrière, la saisir en dehors au cou-de-pied avec la main gauche, l'appuyer fortement sur la cuisse qui reste verticale, le bras droit en l'air, le poing fermé, les ongles en dedans. Se tenir dans cette position jusqu'au commandement de *En place* — repos; lâcher alors la jambe et revenir à la position. (Fig. 28.)

L'équilibre sur le pied gauche s'exécute d'après les mêmes principes.

**3ᵉ EXERCICE. — Poser les genoux à terre
et se relever.**

117. Le professeur commande :

1. *Attention.*
2. GENOUX À TERRE.
3. DEBOUT.

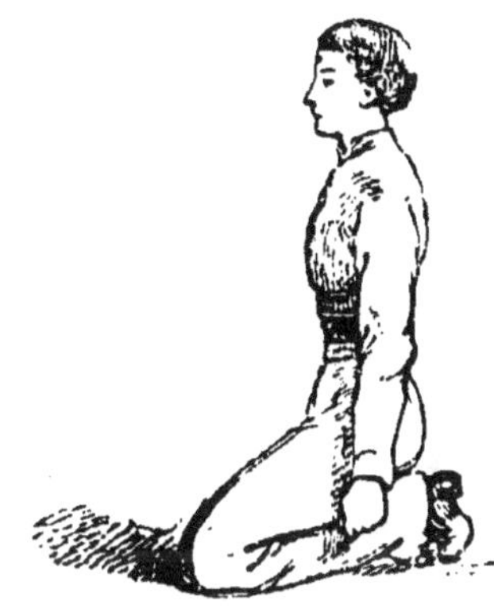

Fig. 29.

Au commandement de *Genoux à terre,* fléchir lentement les genoux jusqu'à terre, les cuisses réunies, les fesses appuyant sur les talons, la pointe des pieds pinçant le sol, les bras pendant naturellement, les poings fermés, le corps droit. (Fig. 29.)

Au commandement de *Debout,* se relever par une vive impulsion, en portant brusquement les bras au-dessus de la tête, les ongles en dedans, et revenir à la première position.

**4ᵉ EXERCICE. — Se pencher en avant
sur un pied.**

118. Le professeur commande :

1. *Attention.*
2. *Équilibre sur le pied droit, le corps penché en avant.*
3. En POSITION.
4. *En place —* REPOS.

Au commandement de *Équilibre sur le*

Fig. 3o.

pied droit, le corps penché en avant, porter tout le poids du corps sur le pied droit.

Au commandement de *En position,* porter le corps en avant, le bras gauche tendu, le poing à hauteur de l'épaule, les ongles en dedans; fléchir la jambe droite, l'épaule droite légèrement effacée, le bras droit et la jambe gauche allongés en arrière le plus possible, le poing fermé, les ongles en avant, la pointe du pied dirigée vers la terre. Se tenir dans cette position jusqu'au commandement de *En place* — REPOS. À ce commandement, revenir à la position. (Fig. 3o.)

L'équilibre sur le pied gauche s'exécute d'après les mêmes principes.

5ᵉ EXERCICE. — **Se pencher en arrière sur un pied.**

119. Le professeur commande :

1. *Attention.*
2. *Équilibre sur le pied droit, le corps penché en arrière.*
3. EN POSITION.
4. *En place* — REPOS.

Au commandement de *Équilibre sur le pied droit, le corps penché en arrière,* porter tout le poids du corps sur le pied droit.

Au commandement de *En position,* porter le haut du corps en arrière le plus possible, en fléchissant la jambe droite, le bras et la jambe gauches tendus en avant, les poings fermés, les ongles en dedans, le bras droit pendant naturellement.

Se tenir dans cette position jusqu'au commandement de *En place* — REPOS.

L'équilibre sur le pied gauche s'exécute d'après les mêmes principes. (Fig. 31.)

Fig. 31.

6° EXERCICE. — **Se pencher à droite ou à gauche sur un pied.**

120. Le professeur commande :

1. *Attention.*
2. *Équilibre sur le pied droit, le corps penché à droite.*
3. EN POSITION.
4. *En place* — REPOS.

Au commandement de *Équilibre sur le*

pied droit, le corps penché à droite, porter tout le poids du corps sur le pied droit.

Au commandement de *En position,* incliner le haut du corps à droite, le plus pos-

Fig. 32.

sible, le bras droit pendant naturellement, la jambe et le bras gauche tendus et levés vers la gauche, le poing fermé, les ongles en avant. (Fig. 32.)

Se tenir dans cette position jusqu'au commandement de *En place* — REPOS.

L'équilibre sur le pied gauche s'exécute d'après les mêmes principes.

7ᵉ EXERCICE. — **Se tenir sur une jambe, l'autre tendue en avant.**

181. Le professeur commande :

1. *Attention.*
2. *Équilibre sur le pied droit (ou gauche), la jambe gauche (ou droite) tendue en avant.*
3. EN POSITION.
4. *En place* — REPOS.

Au commandement de *Équilibre sur le pied droit,* porter tout le poids du corps sur le pied droit.

Au commandement de *En position,* porter vivement la jambe gauche (ou droite) tendue en avant, la pointe du pied légèrement baissée et tournée en dehors, en donnant à la jambe la plus grande élévation, le haut du corps légèrement penché en avant, la tête droite, le bras tombant naturellement.

Se tenir dans cette position jusqu'au commandement de *En place* — REPOS.

L'équilibre sur le pied gauche s'exécute d'après les mêmes principes.

8ᵉ Exercice. — Se tenir sur une jambe, l'autre tendue en arrière.

122. Le professeur commande :

1. *Attention.*
2. *Équilibre sur le pied droit (ou gauche), la jambe gauche (ou droite) tendue en arrière.*
3. En position.
4. *En place* — repos.

Au commandement de *Équilibre sur le pied droit,* porter tout le poids du corps sur le pied droit.

Au commandement de *En position,* porter vivement la jambe gauche (ou droite) en arrière, en donnant à la jambe la plus grande élévation possible, le haut du corps légèrement penché en avant, la tête droite, les bras pendant naturellement.

Se tenir dans cette position jusqu'au commandement de *En place* — repos.

L'équilibre sur le pied gauche s'exécute d'après les mêmes principes.

Les élèves sont ensuite exercés à passer d'un de ces équilibres (nᵒˢ 121 et 122) à l'autre, sans poser le pied à terre, et en maintenant le haut du corps dans sa position.

9ᵉ Exercice. — Exercice du gladiateur.

123. Le professeur commande :

1. *Attention.*
2. *Exercice du gladiateur.*
3. En position.
4. *En place* — repos.

Au commandement de *En position*, l'élève portera simultanément le pied gauche et le bras droit en avant, faisant le pas de 65 à 70 centimètres, le genou de devant fléchi, l'autre bien tendu, le bras gauche parallèle à la cuisse droite fortement tendue en arrière, les ongles en dehors, le bras droit tendu en avant en demi-pronation, les ongles en dedans, le poing à hauteur de l'œil.

Au commandement de *En place* — repos, l'élève assemblera le pied sur le pied qui est en arrière et laissera tomber la main dans le rang.

124. Cet exercice doit se faire alternativement sur chaque jambe, et peut se faire en marchant; dans ce cas, le professeur commande :

1. *Attention.*
2. *Exercice du gladiateur en marchant.*
3. Marche.
4. Halte.

CHAPITRE V.

NATATION.

Art. 1ᵉʳ. — Mouvements élémentaires à sec.

Les mouvements élémentaires à sec com·
prennent cinq exercices.

125. Les élèves ne sachant pas nager
doivent être exercés tout d'abord aux mou·
vements préparatoires suivants de la natation à sec, d'abord debout, ensuite sur un
chevalet à sangles ou sur un banc. On doit
insister sur ces mouvements jusqu'à ce
qu'ils soient devenus tellement familiers
aux élèves, que ceux-ci puissent, sans ten-
sion d'esprit, et tout naturellement, en
faire l'application à l'eau.

1ᵉʳ Exercice.— Mouvements de natation.—
Développement de la jambe droite (*ou
gauche*) et du bras droit sur le pied
gauche (*ou droit*).

126. Le professeur commande :

1. *Attention.*

> 2. *Mouvements de natation, développe-
>   ment de la jambe et du bras
>   droits (ou gauches).*
> 3. *Sur le pied gauche (ou droit)* — EN
>   POSITION.
> 4. UN, DEUX.
> 5. CESSEZ.

Au commandement de *Sur le pied gauche
(ou droit) en position,*
porter tout le poids
du corps sur le pied
gauche (ou droit), rap-
procher le talon droit
(ou gauche) des fesses,
le genou écarté au-
tant que possible, le
talon touchant l'arti-
culation du genou, la
pointe du pied ou-
verte et levée ; porter
le coude droit (ou
gauche) au corps, l'a-
vant - bras verticale-
ment placé, la main
ouverte, les doigts al-

Fig. 33 a.

longés et joints, la paume de la main tournée vers la figure. (Fig. 33 a.)

Au commandement de *Un*, étendre vive-ment et simultané-ment le bras en haut et la jambe en bas, en écartant celle-ci à droite, le genou en dehors, la pointe du pied levée, et en flé-chissant la jambe op-posée. (Fig. 33 *b*.)

Au commandement de *Deux*, fléchir le bras et la jambe en se redressant pour reve-nir à la position indi-quée.

Le professeur aura soin d'insister égale-ment sur le dévelop-pement de la jambe et du bras gauches, et de répéter cet exercice le plus longtemps possible afin d'habituer les extrémités à se développer en sens inverse.

Fig. 33 *b*.

2° EXERCICE. — Mouvements de natation.
Exercice des bras.

197. Le professeur commande :

. *Attention.*

8.

2. *Mouvements de natation, exercice des bras.*

3. En position.

4. Un, deux, trois.

Au commandement de *En position*, porter les coudes au corps, rapprocher les paumes

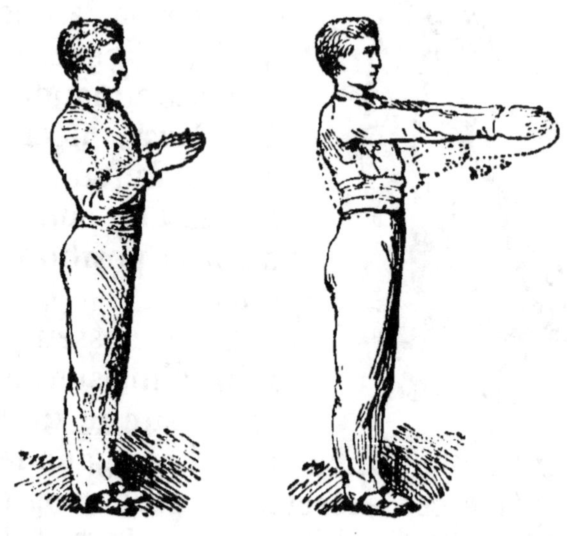

Fig. 34 *a.*   Fig. 34 *b.*

des mains l'une de l'autre, les doigts allongés, joints et dirigés en avant. (Fig. 34 *a.*)

Au commandement de *Un*, allonger vivement les bras horizontalement en avant, les mains jointes. (Fig. 34 *b.*)

Au commandement de *Deux*, séparer les mains à environ 16 centimètres, les paumes en dessous, le côté extérieur de la main un peu élevé, les bras allongés.

Au commandement de *Trois*, décrire lentement un demi-cercle de chaque main, les bras tendus, et rapprocher les coudes du corps, en revenant à la première position de cet exercice. (Fig. 34 *c*.)

Fig. 34 *c*.

3ᵉ EXERCICE. — **Mouvements de natation.**

Exercice des jambes.

128. Le professeur commande :

1. *Attention* — MAINS SUR LES HANCHES.
2. *Mouvements de natation, exercice des jambes.*
3. *Sur le pied gauche (ou droit)* — EN POSITION.
4. UN, DEUX, TROIS.

Au commandement de *Mains sur les hanches*, placer les mains sur les hanches.

Au commandement de *Sur le pied gauche*

Fig. 35 *a.*   Fig. 35 *b.*

(ou droit) en position, porter tout le poids du corps sur le pied gauche, allonger vivement la jambe droite (ou gauche) en l'écartant à droite (ou à gauche), la pointe du pied levée, le genou en dehors, et en fléchissant la jambe opposée. (Fig. 35 *a.*)

Au commandement de *Deux*, rapprocher le genou droit du gauche, la jambe tendue en se relevant, les pieds en équerre. (Fig. 35 *b.*)

Au commandement de *Trois*, fléchir la jambe droite (ou gauche) en revenant à la première position de cet exercice. (Fig. 35 c.)

Fig. 35 c.

4ᵉ Exercice. — Mouvements de natation. Exercice des bras et des jambes.

129. Le professeur commande :

1. *Attention.*
2. *Mouvements de natation, exercice des bras et des jambes.*
3. *Sur le pied gauche (ou droit)* — EN POSITION.
4. UN, DEUX, TROIS.

Au commandement de *Sur le pied gauche (ou droit) en position,* porter le poids du corps sur le pied gauche (ou droit) et placer les mains et la jambe droite (ou gauche) aux positions indiquées au deuxième et au troisième exercice.

Au commandement de *Un,* allonger vivement et simultanément les bras et la jambe, celle-ci écartée en fléchissant.

Au commandement de *Deux,* rapprocher les genoux en se redressant; séparer les mains à environ 16 centimètres, les paumes en dessous, le côté extérieur un peu relevé.

Au commandement de *Trois,* décrire lentement un demi-cercle de chaque main, les bras tendus; rapprocher les coudes du corps et le talon des fesses à la position indiquée.

5ᵉ EXERCICE. — Mouvements de natation. Exercice sur le chevalet ou sur un banc.

180. Le professeur commande :

    1. *Attention.*
    2. *Mouvements de natation, exercice des bras et des jambes.*
    3. *Sur le chevalet* — EN POSITION.
    4. UN, DEUX, TROIS.

Au commandement de *Sur le chevalet en position*, placer le corps en équilibre et suf-

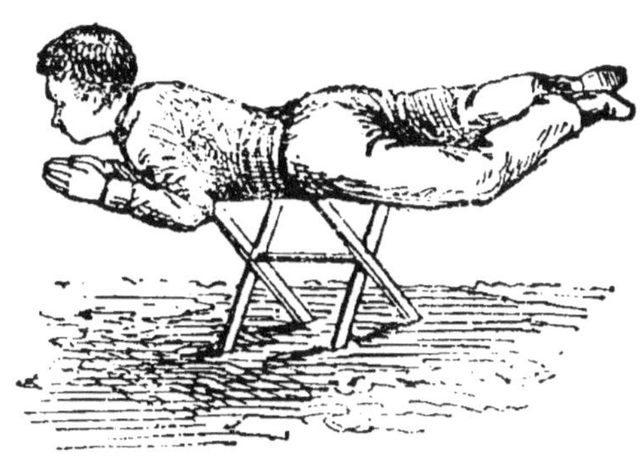

Fig. 36 *a.*

fisamment établi sur le chevalet ou le banc pour pouvoir faire agir les bras et les jambes. (Fig. 36 *a.*)

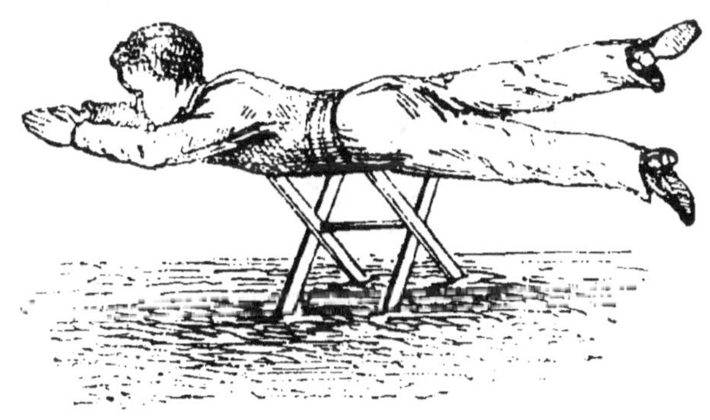

Fig. 36 *b.*

Au commandement de *Un*, allonger vivement les bras et les jambes, celles-ci écartées. (Fig. 36 *b.*)

Au commandement de *Deux*, rapprocher

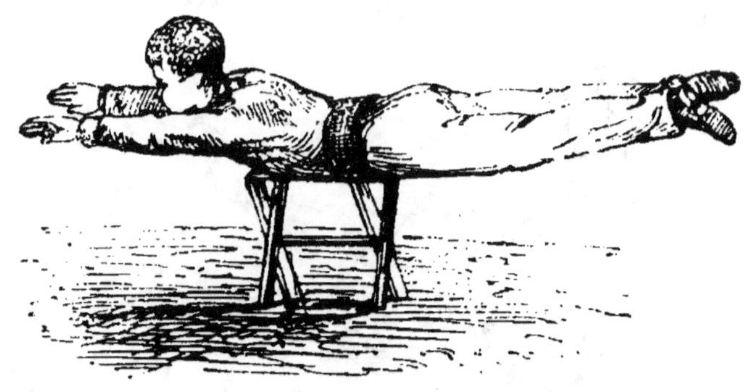

Fig. 36 *c.*

les genoux, les jambes tendues, séparer les
mains à 16 centimètres. (Fig. 36 *c.*)

Fig. 36 *d.*

Au troisième commandement, décrire un
demi-cercle de chaque main et rapprocher
les talons des fesses. (Fig. 36 *d.*)

Art. 2. — Exercices dans l'eau.

181. La première fois qu'on met un élève à l'eau, jusqu'à ce qu'il commence à nager, on le soutient, quand il y a suffisamment pied, comme dans les écoles de natation, en mettant une main sous l'estomac; mais si l'eau est très profonde et que la leçon soit donnée du haut d'un pont ou d'un bateau, il faut soutenir l'élève par l'abdomen ou les épaules au moyen de deux cordes, dont l'une est attachée à une ceinture, et dont l'autre fait l'office de brassière, que le professeur tient respectivement dans chaque main. Ce dernier fait appliquer les mouvements qu'il a enseignés sur le chevalet, et l'élève les exécute de mieux en mieux, au fur et à mesure qu'il reprend dans l'eau son assurance. On l'abandonne alors peu à peu à lui-même, en continuant à le surveiller, jusqu'à ce qu'on ait acquis la certitude qu'il n'a plus d'appréhension et peut agir sans danger en pleine indépendance, comme nageur libre.

Nager sur le dos.

Un seul exercice.

182. Lorsque l'élève sait bien nager sur

le ventre, on l'exerce à se retourner sur le dos, les jambes étendues, et à se mouvoir ainsi à la surface de l'eau pour se reposer, au moyen d'un mouvement horizontal des mains.

Pour avancer dans cette position, il rapproche les talons des fesses, les genoux écartés autant que possible, allonge vivement les jambes pour refouler l'eau en rapprochant les genoux, les mains aidant à ce mouvement.

Plonger.

Un seul exercice.

133. Avant de faire plonger les élèves, on les habitue pendant quelque temps à remplir leurs poumons d'air et à l'y contenir le plus de temps possible sans le laisser circuler. On les exerce ensuite à cacher leur tête sous l'eau pendant quelques secondes, les yeux ouverts, afin de se familiariser avec cet élément.

Pour plonger, l'élève s'élance la tête la première et gagne le fond de l'eau en nageant.

Pour revenir à la surface, il se place verticalement la tête en haut et nage dans cette position.

On habitue aussi les nageurs à sauter debout dans l'eau ; dans ce cas, ils prennent un vigoureux élan et se jettent les pieds en avant, réunis et joints, les bras tendus le long des cuisses, la tête et le haut du corps légèrement inclinés en arrière.

Quand on se lance de très haut, il est important de garantir avec une main les parties génitales qui, sans cette précaution, pourraient recevoir un choc violent à la sur-face de l'eau.

Les élèves plongeurs ou les maîtres nageurs sont toujours revêtus de la ceinture ou sangle munie d'une corde suffisamment longue, tenue par le surveillant.

FIN DE LA PREMIÈRE PARTIE.

TITRE II.

EXERCICES MILITAIRES.

DIVISION DE L'ENSEIGNEMENT.

L'instruction militaire à donner aux élèves des écoles primaires comprend deux *parties*.

Chaque partie est divisée en deux *chapitres*.

Chaque chapitre est subdivisé en *articles*, au nombre de six dans la première partie et de quatre dans la deuxième.

PREMIÈRE PARTIE.

ÉCOLE DU SOLDAT SANS ARME.

CHAPITRE PREMIER.

INSTRUCTION DES ÉLÈVES EN ORDRE SERRÉ.

RÈGLES GÉNÉRALES (n°s 1 à 9).

ART. 1er. — Formation de la section (n°s 10 à 12).

Position du soldat sans arme (n°s 13 à 17).

CHAPITRE II.

MÉCANISME DES MOUVEMENTS EN ORDRE DISPERSÉ.

DEUXIÈME PARTIE.

CHAPITRE PREMIER.

CHAPITRE II.

TIR.

PREMIÈRE PARTIE.

ÉCOLE DU SOLDAT SANS ARME.

CHAPITRE PREMIER.

INSTRUCTION DES ÉLÈVES EN ORDRE SERRÉ.

RÈGLES GÉNÉRALES.

1. Cette école a pour objet l'instruction individuelle dont dépend l'instruction collective de la section, puis de la compagnie, du bataillon et du régiment qui sera donnée plus tard sous les drapeaux; elle est une des bases fondamentales de l'éducation militaire; elle devra donc être enseignée avec le plus grand soin.

Son importance est d'autant plus grande qu'aujourd'hui surtout il est indispensable de développer chez l'homme dès son enfance les facultés qui lui permettront plus tard de déployer dans le combat toute son initiative.

2. L'instructeur donne l'explication de chaque mouvement en peu de paroles claires et précises, et l'exécute toujours lui-même, afin de joindre l'exemple au principe. Il habitue les élèves à prendre d'eux-mêmes la position démontrée, sans jamais les toucher. Il soutient leur attention par un ton animé, ne les arrête pas trop long-temps sur les mêmes mouvements et n'exige que progressivement la précision et l'ensemble. Il garde de sa personne une attitude toujours régulière.

3. Il y a deux sortes de commandements: les commandements *préparatoires* et les commandements d'*exécution*.

4. Les commandements préparatoires (indiqués dans le texte par les lettres italiques) sont prononcés distinctement et dans le haut de la voix, en allongeant un peu la dernière syllabe.

La partie du commandement qui décide de l'exécution (distinguée dans le texte par des majuscules) est seule articulée. Elle est prononcée d'un ton ferme et bref.

L'instructeur laisse toujours un intervalle suffisant entre le commandement préparatoire et celui d'exécution.

5. Le texte de l'école du soldat en gros caractères devra être appris littéralement par l'instructeur, qui devra en outre connaître à fond les prescriptions contenues dans le texte en petits caractères, se conformer exactement à leur esprit et s'attacher à en bien faire comprendre la portée aux élèves.

6. Certains articles seront suivis d'observations qui auront pour objet de démontrer l'utilité des principes qu'on y aura prescrits. Les instructeurs ne sauraient trop s'attacher à les étudier et à en faire l'application lorsqu'ils instruiront leurs élèves.

7. Les trois premiers articles sont enseignés autant que possible à 4 ou 6 élèves placés sur un rang de façon que chacun touche avec son bras droit le coude gauche de son voisin de droite, lorsque ce dernier porte le poing gauche à la ceinture au-dessus de la hanche, la paume de la main et les ongles en l'air. Ils se trouvent ainsi à environ 12 centimètres l'un de l'autre.

8. Pour les trois derniers articles, on forme des groupes d'environ 12 à 20 élèves, représentant une escouade. Ils sont placés d'abord sur un rang avec l'intervalle indiqué plus haut. Ces articles sont ensuite exécutés sur deux rangs.

9. Les élèves sont toujours dans chaque rang numérotés de la droite à la gauche.

ART. 1er. — 1° FORMATION DE LA SECTION.

10. La section est formée sur deux rangs, les files à 10 ou 12 centimètres l'une de l'autre; elle se compose de 15 à 20 files.

11. La distance d'un rang à l'autre est de 40 centimètres mesurés de la poitrine des élèves du second rang au dos de l'élève qui les précède dans leur file.

12. Le rang de taille est établi de manière que les élèves les plus grands forment successivement chaque file à partir de la droite.

2° POSITION DU SOLDAT SANS ARME.

(Station régulière du corps.)

13. L'instructeur commande :

GARDE À VOUS.

14. A ce commandement, l'élève fixe

son attention et prend la position suivante :

15. Les talons sur la même ligne et rapprochés autant que la conformation de
l'homme le permet, les pieds un peu moins
ouverts que l'équerre et également tournés
en dehors, les genoux tendus sans les raidir,
le corps d'aplomb sur les hanches et légèrement penché en avant, les épaules effacées
et également tombantes, les bras pendant
naturellement, les coudes près du corps, la
paume de la main un peu tournée en dehors, le petit doigt en arrière de la couture du pantalon, la tête droite sans être
gêné, les yeux dirigés droit devant soi.

16. Pour faire reposer l'élève, l'instructeur
commande :

    1. *En place.*
    2. Repos.

17. Au commandement de *Repos*, l'élève
reste en place sans être tenu de garder
l'immobilité ni la position.

    Art. 2. — 1° A droite, à gauche.

18. L'instructeur commande :

    1. *Par le flanc droit (gauche).*
    2. *(A)* droite (gauche).

19. Au commandement de *Droite* (*gauche*), tourner sur le talon gauche d'un quart de cercle à droite (gauche), en élevant un peu la pointe du pied gauche et le pied droit; rapporter ensuite le talon droit à côté du gauche et sur la même ligne.

2° DEMI-À-DROITE, DEMI-À-GAUCHE.

20. L'instructeur commande .

1. *Demi-à-droite (gauche)*.
2. *(A)* DROITE (GAUCHE).

21. Le mouvement s'exécute comme celui de à droite (gauche), mais l'élève ne tourne que d'un demi-quart de cercle.

3° DEMI-TOUR À DROITE.

22. L'instructeur commande :

1. *Demi-tour.*
2. *(A)* DROITE.

23. Au commandement de *Droite,* faire un demi-à-droite sur le talon gauche, placer le pied droit en équerre, le milieu du pied vis-à-vis et à environ 10 centimètres du talon gauche, tourner sur les deux talons en élevant un peu la pointe des pieds, les jarrets tendus, faire face en arrière et

rapporter ensuite vivement le talon droit
à côté du gauche.

Art. 3. — Principes des différents pas.

———

Pas accéléré.

24. La longueur du pas accéléré est de
40 à 60 centimètres [1], à compter d'un talon
à l'autre, et sa vitesse de 115 par minute.

25. L'instructeur, se plaçant à dix ou douze
pas des élèves et leur faisant face, leur explique
le mécanisme du pas, en le décomposant comme
il va être indiqué ; il l'exécute lui-même, afin de
joindre l'exemple au principe, et il commande :

    1. *En avant.*
    2. Marche.

26. Au commandement de *En avant,*
l'élève porte le poids du corps sur la jambe
droite.

27. Au commandement de *Marche,* il
porte le pied gauche en avant, la pointe
légèrement tournée en dehors, le pose sans

———

[1] Dans l'armée, la longueur du pas est de 75 centimètres.

frapper à 4o ou 6o centimètres du droit, le talon droit levé, tout le poids du corps portant sur le pied qui pose à terre.

28. Au commandement de *Deux*, l'élève porte la jambe droite en avant, le pied passant près de terre, pose ce pied à la même distance et de la même manière qu'il vient d'être expliqué pour le pied gauche, et continue de marcher ainsi aux commandements de *Un, deux*, sans que les jambes se croisent, sans que les épaules tournent, en laissant aux bras un mouvement d'oscillation naturelle, et la tête restant toujours dans la position directe.

29. Pour arrêter, l'instructeur commande :

1. *Escouade.*
2. HALTE.

30. Au commandement de *Halte*, qui est fait indistinctement sur l'un ou l'autre pied, l'élève rapporte le pied qui est en arrière à côté de l'autre sans frapper.

31. L'instructeur s'attache d'abord à habituer les élèves à faire des pas de la longueur voulue ; quand ils sont bien rompus avec cette habitude, on accélère peu à peu l'allure, de façon à arriver progressivement à la cadence de 115 pas à la minute.

32. Afin de donner au mécanisme du pas toute la régularité et toute la précision désirables, l'instructeur veille à ce que le corps porte bien sur le pied qui est en avant, à ce que le talon de l'autre pied se lève à temps pour faciliter ce mouvement, et à ce que la tête reste haute, le corps ne penchant ni à droite ni à gauche.

33. Quand les élèves sont familiarisés avec la longueur et la vitesse réglementaire du pas, l'instructeur les exerce à la marche en avant sans décomposer, en indiquant de temps en temps seulement la cadence au moyen des commandements : *Un,* quand le pied gauche pose à terre, et *Deux,* quand c'est le droit.

34. L'instructeur arrête l'escouade par les commandements et les moyens prescrits (n⁰ˢ 27 et 34). Il fait le commandement de *Halte* sur l'un ou l'autre pied, mais un moment avant qu'il soit près de poser à terre.

Pas en arrière.

35. L'élève étant de pied ferme, l'instructeur commande :

1. *En arrière.*
2. MARCHE.

36. Au commandement de *Marche* l'élève retire vivement le pied gauche en arrière et le porte à la distance de 20 ou 25 centimètres, à compter d'un talon à l'autre, fait de même du pied droit, et continue jusqu'au commandement de *Halte*, qui est toujours précédé de celui de *Escouade*. L'élève s'arrête à ce commandement en rapportant le pied qui est en avant à côté de l'autre, sans frapper.

37. L'instructeur veille à ce que l'élève se porte droit en arrière et à ce que l'aplomb ainsi que la position du corps soient toujours conservés. La cadence de ce pas est la même que celle du pas accéléré.

38. Dans les premiers exercices, on n'exige point que les élèves s'occupent de l'alignement; d'ailleurs, lorsqu'ils ont contracté l'habitude de faire des pas égaux en longueur et en vitesse, ils ont acquis le vrai moyen de conserver l'alignement.

39. Le pas accéléré étant le pas habituel de la troupe, il n'est énoncé dans le commandement préparatoire que lorsque la troupe, étant en marche à une autre allure, doit prendre ce pas.

Pas gymnastique.

40. La longueur du pas gymnastique

est de 55 à 65 centimètres [1], et sa vitesse habituelle de 170 par minute.

41. L'instructeur commande :

    1. *En avant.*
    2. *Pas gymnastique.*
    3. MARCHE.

42. Au commandement de *En avant*, l'élève porte le poids du corps sur la jambe droite.

43. A celui de *Pas gymnastique*, il place les mains à hauteur des hanches, les doigts fermés, les ongles en dedans, les coudes en arrière.

44. Au commandement de *Marche*, il porte le pied gauche en avant, la jambe légèrement ployée, le genou peu élevé, pose le pied gauche, la pointe la première, entre 55 et 65 centimètres du droit, et il exécute avec le pied droit ce qui vient d'être prescrit pour le gauche. Ce mouvement se continue ainsi en portant le poids du corps sur la jambe qui pose à terre, et en laissant aux bras un mouvement d'oscillation naturelle.

[1] Dans l'armée, la longueur du pas gymnastique est de 80 centimètres.

45. Pour arrêter, l'instructeur commande :

1. *Escouade.*
2. HALTE.

46. Au commandement de *Halte,* l'élève rapporte le pied qui est en arrière à côté de l'autre et laisse tomber les mains dans le rang à la position du soldat sans arme.

47. L'instructeur indique la cadence du pas en faisant le commandement de *Un* quand le pied gauche pose à terre, et celui de *Deux* quand c'est le pied droit.

48. Le pas gymnastique peut s'exécuter à différents degrés de vitesse. Dans les circonstances pressantes, la cadence de ce pas peut être portée à 180 par minute.

49. On recommande à l'élève de ne respirer, autant que possible, que par le nez, en conservant la bouche fermée. L'expérience a prouvé qu'en se conformant à ce principe, on pouvait fournir une course plus longue et avec moins de fatigue.

Marquer le pas.

50. L'élève étant en marche, l'instructeur commande :

1. *Marquez le pas.*
2. MARCHE.

51. Au commandement de *Marche*, qui est fait un moment avant que le pied soit près de poser à terre, l'élève marque simplement la cadence du pas en soulevant et en replaçant à terre alternativement l'un et l'autre pied.

52. Pour faire reprendre la marche, l'instructeur commande :

    1. *En avant.*
    2. MARCHE.

53. Au commandement de *Marche,* qui est fait comme il est prescrit ci-dessus, l'élève reprend le pas accéléré.

Changer le pas.

54. L'élève étant en marche, l'instructeur commande :

    1. *Changez le pas.*
    2. MARCHE.

55. Au commandement de *Marche,* qui est fait un moment avant que le pied soit près de poser à terre, l'élève rapporte le pied qui est en arrière à côté de celui qui vient de poser à terre, et repart de ce dernier pied.

ART. 4. — 1° MOUVEMENTS DE TÊTE À DROITE ET À GAUCHE.

56. L'instructeur commande :

1. *Tête.*
2. *(A)* DROITE (GAUCHE).
3. FIXE.

57. Au commandement de *Droite (gauche)*, les élèves tournent légèrement la tête à droite (gauche) sans brusquer le mouvement, sans déranger la position des épaules, les yeux fixés sur la ligne des yeux des élèves du même rang.

58. Au commandement de *Fixe*, ils replacent la tête dans la position directe, qui doit être la position habituelle de l'élève.

2° ALIGNEMENTS.

59. L'instructeur exerce d'abord les élèves à s'aligner un par un, afin de leur faire mieux comprendre les principes de l'alignement; à cet effet, il fait porter les deux élèves de droite (gauche) trois pas en **avant**, au moyen du commandement de :

1. *Deux élèves de droite (gauche), trois pas en avant.*
2. MARCHE.

Et les ayant alignés, en se plaçant à leur droite (gauche) et sur leur prolongement, il avertit successivement chaque élève, en le désignant par son numéro seulement, de se porter sur l'alignement des deux premiers; ceux-ci, en arrivant sur la ligne, ont dû placer le poing gauche *sur le ceinturon* au-dessus de la hanche, la paume de la main et les ongles en l'air.

60. Chaque élève, à l'appel de son numéro, tourne la tête et les yeux à droite (gauche) comme il est prescrit (n° 57), marche trois pas en avant en raccourcissant le dernier, de manière à se trouver à environ 15 centimètres en arrière du nouvel alignement, qu'il ne doit jamais dépasser; à ce moment, il s'arrête franchement, place le poing gauche comme il a été dit; il se porte ensuite par petits pas, les jarrets tendus, tranquillement et sans saccade, à côté de l'élève auquel il doit appuyer, de manière que, sans déranger la position de sa tête, la ligne de ses yeux ainsi que celle de ses épaules se trouvent dans la direction de celles de son voisin, et qu'il sente très légèrement le coude de ce dernier.

61. L'instructeur, voyant les élèves alignés, commande :

Fixe.

62. Au commandement de *Fixe*, les élèves laissent tomber la main gauche dans le rang et replacent la tête dans la position directe.

63. Lorsque les élèves ont ainsi appris à s'aligner un par un correctement et sans tâtonner, l'instructeur fait aligner le rang entier à la fois par le commandement suivant :

1. *A droite (gauche)*.
2. ALIGNEMENT.

64. A ce commandement, le rang, à l'exception des deux élèves placés d'avance pour servir de base d'alignement, se porte sur la nouvelle ligne et s'y place d'après les principes prescrits (n° 59).

65. L'instructeur, placé à dix ou douze pas en avant et faisant face au rang, veille à l'observation des principes, et se porte ensuite à l'aile qui a servi de base à l'alignement pour le vérifier.

66. L'instructeur, voyant le plus grand nombre des élèves alignés, commande :

FIXE.

67. Il commande ensuite à celui ou ceux

qui ne sont pas alignés : *Rentrez* ou *Sortez*, en les désignant par leurs numéros.

L'élève ou les élèves désignés tournent légèrement la tête du côté de l'alignement pour juger de combien ils doivent avancer ou reculer, se portent tranquillement sur la ligne, et replacent ensuite la tête dans la position directe.

68. Les alignements en arrière se prennent d'après les mêmes principes. Les élèves se portent un peu en arrière de la ligne et s'y placent ensuite par de petits mouvements en avant conformément à ce qui est prescrit (n° 59 et suivants).

69. L'instructeur, après avoir fait porter à son commandement les deux élèves de droite (gauche) quatre pas en arrière pour servir de base d'alignement, commande :

1. *En arrière à droite (gauche).*
2. Alignement.

OBSERVATIONS.

70. L'instructeur doit s'attacher à ce que l'élève arrive tranquillement sur la ligne ;

Qu'il ne penche pas le corps en arrière ni la tête en avant ;

Qu'il ne tourne la tête que le moins possible,

seulement de manière à voir la ligne des yeux et à apercevoir légèrement la poitrine du deuxième élève du côté de l'alignement;

Qu'il ne dépasse jamais l'alignement;

Qu'au commandement de *Fixe*, il cesse tout mouvement, quand même il ne serait pas aligné;

Qu'au commandement de *Tel* ou *tel numéro, rentrez* ou *sortez*, ceux qui n'ont pas été désignés ne bougent;

Que dans les alignements en arrière, l'élève dépasse un peu la ligne en reculant.

L'instructeur fera aussi placer les élèves sur deux rangs et les fera aligner en prenant les deux files de droite (gauche) pour base d'alignement.

ART. 5. — 1° MARCHE DE FRONT.

71. Le rang étant correctement aligné, l'instructeur place un élève instruit à la droite (gauche), selon le côté où il veut que soit le guide, et commande :

1. *En avant.*
2. *Guide à droite (gauche).*
3. MARCHE.

72. Au commandement de *Marche*, le rang part vivement du pied gauche; le guide a soin de marcher droit devant lui et de maintenir toujours ses épaules carrément.

10.

73. L'instructeur veille à ce que chaque élève conserve toujours l'intervalle qui doit le séparer de son voisin du côté du guide;

Qu'il cède à la pression qui pourrait venir de ce côté et résiste à celle qui viendrait du côté opposé;

Qu'il ne reprenne qu'insensiblement son intervalle, au cas où il l'aurait perdu;

Qu'il conserve la tête droite, de quelque côté que le guide soit indiqué;

Qu'il ne se remette que peu à peu sur l'alignement, en allongeant ou en raccourcissant le pas d'une manière presque insensible, s'il s'aperçoit qu'il est trop en avant ou trop en arrière.

2° MARCHE OBLIQUE.

74. Les élèves étant affermis dans les principes de la marche directe, l'instructeur les exerce à marcher obliquement. A cet effet, le rang étant en marche, il commande :

1. *Oblique à droite (gauche).*
2. MARCHE.

75. Au commandement de *Marche,* qui est fait un moment avant que le pied gauche (droit) soit près de poser à terre, chaque élève fait un demi-à-droite (gauche) et marche ensuite droit devant lui dans la nouvelle direction, en donnant de temps en temps un coup d'œil sur la ligne des épaules de ses voisins de droite (gauche) et en réglant son pas de manière que ses épaules soient placées parallèlement aux épaules de son voisin de ce côté, et que la tête de ce dernier lui cache celles des autres élèves du rang. Tous les élèves doivent conserver l'égalité du pas et le même degré d'obliquité.

76. Pour faire reprendre la marche directe, l'instructeur commande :

1. *En avant.*
2. MARCHE.

77. Au commandement de *Marche*, qui est fait un moment avant que le pied droit (gauche) soit près de poser à terre, chaque élève fait un demi-à-gauche (droite) et tous marchent ensuite droit devant eux en se conformant aux principes de la marche directe.

78. Lorsque les élèves sont familiarisés avec ces divers principes, et qu'ils sont bien affermis dans la position du corps, le mécanisme, la longueur et la vitesse du pas, l'instructeur les fait passer du pas accéléré au pas gymnastique, et réciproquement.

79. A cet effet, il commande :

1. *Pas gymnastique.*
2. MARCHE.

80. Au commandement de *Marche,* qui est fait sur l'un ou l'autre pied indistincte- ment, le rang prend le pas gymnastique. Les élèves s'attachent à observer les prin- cipes du pas gymnastique et à conserver l'alignement.

81. Pour faire reprendre le pas accéléré, il commande :

1. *Pas accéléré.*
2. MARCHE.

82. Au commandement de *Marche,* qui est fait indistinctement sur l'un ou l'autre pied, le rang reprend le pas accéléré.

83. Le rang étant en marche, l'instructeur l'arrête par les commandements et les moyens prescrits. Les élèves s'alignent d'eux-mêmes du côté du guide, d'après les principes prescrits. L'instructeur se conforme aux prescriptions des nᵒˢ 60 et 61.

84. Le rang étant en marche au pas accéléré, l'instructeur lui fait quelquefois marquer et changer le pas par les commandements et les moyens prescrits.

85. Le rang étant en marche au pas accéléré, ou au pas gymnastique, l'instructeur lui fait faire demi-tour pour marcher en arrière sans arrêter, par le commandement de:

1. *Demi-tour à droite.*
2. *Guide à gauche (droite).*
3. MARCHE.

86. Au commandement de *Marche,* qui est fait à l'instant où le pied gauche est en l'air, les élèves posent ce pied à terre, font face en arrière en tournant sur la pointe des pieds, et repartent du pied gauche dans la nouvelle direction.

87. Le rang étant en marche, l'instructeur l'arrête en lui faisant faire demi-tour, par le commandement de :

1. *Demi-tour à droite.*
2. HALTE.

88. Au commandement de *Halte,* qui est fait à l'instant où le pied gauche est près de poser à terre, les élèves font demi-tour en tournant sur ce pied, et rapportent le pied droit sur l'alignement du gauche.

89. Le rang étant de pied ferme, l'instructeur lui fait marcher le pas en arrière par le commandement de :

1. *En arrière.*

2. *Guide à droite (gauche).*
3. MARCHE.

90. Au commandement de *Marche*, les élèves se portent en arrière en se conformant aux principes prescrits (n° 36).

91. Lorsque les élèves exécutent suffisamment bien les différentes marches sur un rang, l'instructeur les place sur deux rangs et les exerce à marcher dans cet ordre, au moyen des mêmes commandements et d'après les mêmes principes. Ceux du second rang doivent avoir soin de marcher exactement derrière leurs chefs de file et de conserver toujours la distance qui les en sépare.

3° PASSER D'UN RANG SUR DEUX, ET RÉCIPROQUEMENT.

92. Les élèves étant sur un rang, l'instructeur commande :

1. *A droite sur deux rangs.*
2. DROITE.
3. MARCHE.

93. Au commandement de *Droite*, tout le rang, à l'exception du guide, qui ne bouge pas, fait à droite; chaque numéro pair se porte à la droite du numéro impair qui se trouve devant lui, et forme avec lui une file de deux élèves.

94. Au commandement de *Marche,* la première file fait front, les autres files se mettent en marche, serrent à leurs intervalles, font front et s'alignent.

95. Les élèves étant sur deux rangs, l'instructeur commande :

1. *A droite sur un rang.*
2. MARCHE.

96. Au commandement de *A droite sur un rang,* le guide de droite fait à droite.

97. Au commandement de *Marche,* ce guide se met en marche et se dirige sur le prolongement du premier rang.

98. La première file se met en marche en même temps que le guide; l'élève du premier rang tourne à droite dès le premier pas, suit le guide, et est suivi lui-même par l'élève du second rang de sa file qui vient tourner à la même place que lui. La deuxième file et successivement toutes les autres se mettent en marche comme il est prescrit pour la première, de manière que l'élève du premier rang suive immédiatement celui du second rang de la file qui se trouve à sa droite. Lorsque le dernier élève se met en marche, l'instructeur commande :

1. *Escouade* — HALTE.
2. *A gauche* — FRONT.

Au commandement de *Front*, les élèves font à gauche, et s'alignent d'eux-mêmes à droite. L'instructeur se conforme ensuite aux nᵒˢ 61 et 62.

99. Les formations ci-dessus décrites s'exécutent habituellement par la droite ; mais lorsque l'instructeur veut les faire exécuter par la gauche, il fait faire demi-tour ; le guide se porte à la gauche devenue droite et au second rang devenu premier, s'il y a deux rangs.

100. La formation s'exécute ensuite par les mêmes commandements et d'après les mêmes principes que par le premier rang ; le mouvement commence par la file de gauche devenue file de droite, et dans chaque file par l'élève du deuxième rang qui est en avant. La formation étant achevée, l'instructeur fait faire demi-tour.

4° FAIRE ROMPRE LES RANGS ET RASSEMBLER
L'ESCOUADE.

101. L'escouade étant de front sur un ou deux rangs, l'instructeur commande :

1. *Rompez vos rangs.*
2. MARCHE.

102. Les élèves se dispersent.

103. Pour reformer l'escouade, l'instructeur *lève le bras* et commande :

RASSEMBLEMENT.

104. A ce commandement, les élèves se forment sur un ou deux rangs dans l'ordre de leurs numéros, à quatre pas de l'instructeur et lui faisant face.

5° CHANGEMENTS DE DIRECTION.

105. Les changements de direction s'exécutent de pied ferme et en marchant.

Changement de direction de pied ferme.

106. Le rang étant de pied ferme, l'instructeur commande :

1. *Escouade à droite (gauche).*
2. MARCHE.

107. Au commandement de *Marche,* l'élève de droite (gauche) fait à-droite (gauche) sur place ; les autres font un demi-à-droite (gauche), se portent vivement en ligne par le chemin le plus court, en observant de n'y arriver que successivement, et s'y placent à hauteur de leurs voisins de droite (gauche), en s'alignant d'eux-mêmes de ce côté d'après les principes prescrits.

108. L'instructeur dirige l'alignement, et, une fois le dernier élève établi sur la ligne, il commande *Fixe*.

109. Au commandement de *Fixe,* les élèves laissent tomber la main gauche dans le rang et replacent la tête dans la position directe.

Changement de direction en marchant.

110. Le rang étant en marche, l'instructeur fait placer le guide à gauche (droite) et commande :

1. *Changement de direction à droite (gauche).*
2. MARCHE.

111. Le commandement préparatoire est prononcé lorsque le rang est à quatre pas du point où il doit changer de direction.

112. Au commandement de *Marche,* qui est fait au moment où le guide arrive à ce point, l'élève qui est au pivot fait le pas de 10 à 15 centimètres et gagne ainsi du terrain en avant en se conformant au mouvement de l'aile marchante, et en décrivant une petite courbe de manière à dégager le point de conversion. Aussitôt que le mouvement commence, le guide mesure des yeux le terrain qu'il doit parcourir, maintient le pas de 40 à 60 centimètres, avance un peu l'épaule extérieure dès le premier pas, et jette de temps en temps les yeux sur le rang, en réglant sa marche de manière que les élèves de ce rang puissent conserver leurs intervalles.

Les élèves tournent la tête du côté de l'aile marchante, conservent leurs intervalles de ce côté et se conforment au mouvement du guide, en faisant le pas d'autant plus petit qu'ils sont plus rapprochés du pivot.

Le milieu du rang cintre un peu en arrière.

113. Le changement de direction étant achevé, l'instructeur commande :

    1. *En avant.*

    2. MARCHE.

114. Le commandement préparatoire est prononcé lorsqu'il reste quatre pas à faire pour que le changement de direction soit achevé.

115. Au commandement de *Marche,* qui est fait à l'instant où le changement de direction est achevé, le guide se dirige droit en avant; l'élève qui est au pivot et tout le rang reprennent le pas de 40 à 60 centimètres et replacent la tête directe.

116. Les changements de direction s'exécutent au pas gymnastique d'après les principes énoncés ci-dessus.

117. On fait exécuter les changements de direction aux élèves placés sur deux rangs par les commandements et les moyens qui viennent d'être indiqués.

Art. 6. — 1° Marche par le flanc.

118. Le rang étant de pied ferme et correctement aligné, l'instructeur commande :

   1. *Par le flanc droit (gauche).*
   2. *(A)* droite (gauche).
   3. *En avant.*
   4. Marche.

119. Au commandement de *Droite (gau che),* les élèves font à-droite (gauche), et doublent; le doublement se fait toujours en dedans de l'alignement, et les files doublées se composent toujours des deux mêmes élèves sans intervalle, dont l'un a un numéro impair et l'autre le numéro pair immédiatement au-dessus. Ainsi les numéros 1 et 2, 3 et 4, 5 et 6 doublent toujours entre eux. Lorsque le rang fait par le flanc, c'est celui des deux élèves qui se trouve en arrière qui double sur celui qui est en avant.

120. Au commandement de *Marche,* les élèves partent vivement du pied gauche; les files restent alignées et conservent leurs distances; les élèves marchent dans chaque rang les uns derrière les autres, de manière que la tête de celui qui précède immédiatement chacun d'eux lui cache celles de tous ceux qui sont devant lui.

121. L'instructeur place un élève instruit à droite de celui qui est en tête du rang doublé, pour régler son pas et le conduire; il est recommandé à ce dernier de ne pas quitter le coude de l'élève qui est chargé de le diriger.

122. L'instructeur se place habituellement à cinq ou six pas sur le flanc des élèves, afin de voir si les files marchent à leurs distances; il se porte aussi quelquefois derrière le rang doublé, s'arrête et lui laisse parcourir quinze ou vingt pas, afin d'observer si les élèves marchent bien les uns derrière les autres.

123. Si les élèves sont sur deux rangs, le premier rang double comme il vient d'être dit;

le deuxième déboite d'un pas à droite et double de la même manière, de telle sorte que, le mouvement exécuté, les files se trouvent formées de quatre élèves sans intervalles, alignés du côté du premier rang.

Lorsque les élèves sont bien affermis dans les principes du doublement et de la marche par le flanc, l'instructeur les exerce à se mettre en marche immédiatement après avoir doublé, au commandement de :

    1. *Par le flanc droit (gauche).*
    2. MARCHE.

Au commandement de *Marche*, les élèves font par le flanc droit (gauche) et partent ensuite du pied gauche, conformément aux principes prescrits.

2° DÉDOUBLER ET DOUBLER LES FILES EN MARCHANT.

124. L'instructeur commande .
    1. *Doublez les files.*
    2. MARCHE.

125. Au commandement de *Marche*, les files qui ont doublé raccourcissent le pas ; les élèves reprennent leurs places dans le rang, entre leurs voisins habituels ; ceux du second rang appuient pour se replacer à côté de leurs chefs de file.

126. Pour faire doubler les files, l'instructeur commande :

1. *Doublez les files.*
2. MARCHE.

127. Au commandement de *Marche,* les files doublent comme il est prescrit au n° 119.

3° ARRÊTER LE RANG ET LUI FAIRE FAIRE FRONT.

128. L'instructeur commande :

1. *Escouade.*
2. HALTE.
3. *A gauche (droite).*
4. FRONT.

129. Au commandement de *Halte,* le rang s'arrête et aucun élève ne bouge plus, quand même il aurait perdu sa distance.

130. Au commandement de *Front,* chaque élève fait front du côté indiqué; ceux qui se trouvent derrière dédoublent en même temps pour se porter vivement à leur place dans le rang. Les élèves et l'instructeur se conforment aux principes de l'alignement.

131. Lorsque les élèves sont bien affermis dans l'exécution de ces mouvements, l'instruc-

teur les exerce à faire front immédiatement
après s'être arrêtés, au commandement de :

 1. *Par le flanc gauche (droit).*
 2. Halte.

Au commandement de *Halte*, le rang s'arrête
et fait immédiatement front du côté indiqué,
les élèves et l'instructeur se conforment aux
principes de l'alignement.

132. Si, avant de faire par le flanc, les élèves
étaient sur deux rangs, le deuxième rang fait
front en dédoublant comme le premier, puis il
serre à sa distance.

4° CHANGEMENTS DE DIRECTION PAR FILE.

133. Lorsque les élèves ont acquis l'habitude
de la marche par le flanc, l'instructeur les
exerce à changer de direction par file; à cet
effet, il commande :

 1. *Par file à gauche (droite).*
 2. Marche.

134. Au commandement de *Marche*, la
file de tête change de direction à gauche
(droite), en décrivant un petit arc de cercle.
Les deux (ou les quatre) élèves de cette file
conservent l'alignement du côté du premier rang. L'élève qui est à l'aile mar-

chante fait toujours le pas de la même longueur et de la même vitesse ; celui qui est au pivot raccourcit les trois ou quatre (cinq ou six) premiers pas. Chaque file vient converser à la même place que celle qui la précède, de manière que la distance entre les files soit toujours conservée et qu'il n'y ait ni temps d'arrêt ni à-coup dans la marche.

135. L'instructeur fait aussi exécuter les *à-droite* et les *à-gauche* en marchant ; à cet effet, il commande :

1. *Par le flanc droit (gauche).*
2. MARCHE.

136. Au commandement de *Marche*, qui est fait un moment avant que le pied gauche (droit) soit près de poser à terre, les élèves tournent le corps, portent le pied qui est levé dans la nouvelle direction et continuent la marche sans altérer la cadence ; les files doublent ou dédoublent rapidement.

317. L'instructeur doit s'abstenir de faire exécuter de suite un trop grand nombre de fois les à-droite (gauche) en marchant, pour ne point faire naître la confusion dans l'esprit de l'élève.

138. Les principes de la marche par le flanc au pas gymnastique sont les mêmes qu'au pas accéléré. L'instructeur fait précéder le commandement de *Marche* de celui de *Pas gymnastique*.

139. L'instructeur exerce quelquefois les élèves placés sur un ou sur deux rangs à marcher par le flanc sans doubler les files. Il fait les commandements prescrits n° 118, mais il a soin de prévenir de ne pas doubler. Il veille à ce que la cadence et les distances ne se perdent pas.

140. Les principes de cette marche sont les mêmes; mais dans les changements de direction, au cas où les élèves sont sur un rang, le premier du rang change de direction sans altérer la longueur ni la cadence du pas.

CHAPITRE II.

MÉCANISME DES MOUVEMENTS EN ORDRE DISPERSÉ.

ART. 1ᵉʳ. — PRINCIPES GÉNÉRAUX.

141. L'école du soldat en tirailleur a pour objet d'enseigner à l'élève isolé et à l'escouade dont il fait partie à marcher et à manœuvrer en ordre dispersé.

142. Les élèves ne sont plus astreints à la cadence du pas, ni à la régularité dans les alignements.

143. Les mouvements de la chaîne des tirailleurs ne peuvent pas s'exécuter avec le même ensemble que ceux d'une troupe à rangs serrés. Ils dépendent essentiellement de la nature du terrain. On ne fait usage du pas gymnastique que par exception.

144. Les commandements se font d'ordinaire à la voix; quand ils sont bien compris et exécutés ainsi, l'instructeur les fait exécuter par signes, après avoir au préalable appelé l'attention des élèves à l'aide du sifflet.

145. Dans cette instruction, on doit s'attacher à développer le plus possible l'initiative individuelle, mais en même temps à conserver la cohésion, à maintenir l'ordre et le calme, en exigeant l'exécution aussi complète que possible des prescriptions du Manuel.

146. L'instructeur profite de toutes les occasions et emploie tous les moyens pour faire comprendre aux élèves que, tout en agissant isolément, ils ne doivent jamais échapper à sa direction.

147. Cette instruction est donnée par groupe de 15 élèves au plus, qui représentent chacun une escouade formée sur deux rangs.

148. L'intervalle entre les files est de six pas, comptés de l'élève du premier rang de chaque file à l'élève du premier rang de la file voisine. L'instructeur désigne toujours une file, sur laquelle on prend les intervalles dans les déploiements et la direction dans les marches.

Art. 2. — Déploiement.

149. L'escouade étant de front, de pied ferme ou en marche, l'instructeur commande:

En tirailleurs.

150. La file du centre marche dans la direction que lui désigne l'instructeur ; les autres files gagnent à droite et à gauche en marchant à un intervalle de six pas ; dès que chaque file a son intervalle, l'élève du second rang se place à la gauche de son chef de file.

151. L'escouade étant arrivée sur la ligne qu'elle doit occuper, l'instructeur l'arrête par le commandement de :

Halte.

152. Les tirailleurs s'arrêtent.

153. L'escouade se déploie habituellement sur la file du centre; mais s'il est avantageux qu'elle se déploie sur la file de droite (gauche), l'instructeur en prévient l'escouade.

154. L'escouade étant de front, de pied ferme ou en marche, pour la déployer par le flanc, l'instructeur commande :

Par le flanc droit et le flanc gauche, en tirailleurs.

155. La file du centre ne bouge pas ou s'arrête ; les autres files font par le flanc droit ou le flanc gauche sans doubler, et gagnent en marchant un intervalle de six pas ; la file de droite et celle de gauche se dirigent sur le point que leur désigne l'instructeur. Chaque file s'arrête à mesure qu'elle a son intervalle et fait face en avant ; l'élève du second rang se porte à la gauche de l'élève du premier.

156. On déploie par le flanc sur la file de droite, ou sur celle de gauche, d'après les mêmes principes et au moyen du commandement de :

Par le flanc droit (gauche), en tirailleurs.

157. L'escouade étant par le flanc est déployée sur la file de tête et à sa hauteur par les moyens prescrits ci-dessus et par le commandement de :

A droite (gauche), en tirailleurs.

158. Pour faire prendre entre les files un

intervalle autre que l'intervalle habituel, l'instructeur commande :

A tant de pas en tirailleurs.

Ou :

Par le flanc droit et le flanc gauche à tant de pas en tirailleurs.

159. Le déploiement se fait comme il a été prescrit, en prenant l'intervalle indiqué.

160. Les moyens prescrits permettent de déployer une escouade, quelle que soit sa formation, aussi bien face à droite (gauche) qu'en avant ; l'instructeur lui fait faire préalablement par le flanc droit (gauche).

ART. 3. — OUVRIR ET RESSERRER
LES INTERVALLES.

161. L'escouade étant déployée et de pied ferme ou en marche, lorsque l'instructeur veut lui faire ouvrir ou resserrer les intervalles, il commande :

A tant de pas, ouvrez (serrez) les intervalles.

162. L'instructeur se porte rapidement, s'il n'y est déjà, devant la file sur laquelle il veut faire prendre les intervalles.

163. Les files ouvrent (serrent) leurs intervalles à la distance indiquée, en marchant par
le flanc ou obliquement.

ART. 4. — MARCHES.

164. L'escouade étant déployée, l'instructeur
commande :

En avant.

165. L'instructeur se porte près de l'élève
qu'il choisit pour donner la direction, et la
lui indique.

166. Les tirailleurs se mettent en marche
en conservant leurs intervalles et en prenant la direction du côté de la file près de
laquelle s'est placé l'instructeur.

167. Pour faire marcher en retraite, l'in
structeur commande :

En retraite.

168. Les élèves font face en arrière et
marchent en retraite en se conformant aux
prescriptions données pour la marche.

169. Pour faire marcher par le flanc droit
(gauche), l'instructeur commande :

Par le flanc droit (gauche).

170. L'instructeur se porte rapidement du côté de l'élève de droite (gauche) et lui indique la direction. Chaque élève fait à droite (gauche) et marche dans les traces de celui qui le précède, en conservant son intervalle.

L'escouade étant en marche en avant, en retraite ou par le flanc, pour l'arrêter, l'instructeur commande :

Halte.

171. Les élèves s'arrêtent et font face en avant.

172. Une escouade déployée en tirailleurs étant de pied ferme ou en marche, si l'instructeur veut lui faire changer de direction à droite (gauche), il commande :

Changement de direction à droite (gauche).

173. La file de droite (gauche) est placée dans la nouvelle direction par l'instructeur ; les autres files prennent une allure accélérée et se conforment au mouvement de la file de base d'après les principes prescrits à l'école du soldat. Si l'ouverture de l'angle l'exige, l'instructeur fait arrêter la file de droite (gauche), dès qu'elle est établie dans la nouvelle direction; les autres files s'arrêtent à sa hauteur, et l'instructeur fait ensuite reprendre la marche.

ART. 5. — RALLIEMENT.

174. Pour rallier l'escouade, l'instructeur lève le bras et commande :

Ralliement.

175. Tous les élèves viennent se grouper rapidement auprès de lui, soit en ligne, soit en cercle, dans la formation qu'il indique, sans que l'ordre nuise à la rapidité du mouvement.

176. Le ralliement s'exécute, la chaîne étant arrêtée, pour rester de pied ferme ou pour se mettre en marche; il s'exécute aussi, la chaîne étant en marche, pour s'arrêter ou pour continuer à marcher.

ART. 6. — RASSEMBLEMENT.

177. Si la chaîne est déployée en tirailleurs, ou si elle s'est ralliée sans prendre une formation normale, pour rassembler l'escouade, l'instructeur se conforme aux prescriptions données dans le chapitre Ier (nos 103 et 104).

DEUXIÈME PARTIE.

CHAPITRE PREMIER.

ART. 1er. — 1° REVUES.

178. Les sections sur deux rangs sont placées sur une même ligne, à deux pas d'intervalle l'une de l'autre ; chacune d'elles a à sa droite, au premier rang, un élève moniteur.

179. Pour passer la revue, l'instructeur fait d'abord ouvrir les rangs par les commandements de :

    1. *Ouvrez vos rangs.*
    2. MARCHE.

180. Au commandement de *Ouvrez vos rangs,* le moniteur se porte à quatre pas (3 mètres) en arrière du premier rang ; il juge cette distance à l'œil, sans compter le pas.

181. S'il y a plusieurs sections, l'instructeur s'assure, en se portant sur le flanc, que les moniteurs, après s'être portés en arrière, sont alignés entre eux. Il en dirige l'alignement sur le dernier.

182. Au commandement de *Marche,* le deuxième rang marche en arrière, et s'aligne sur le moniteur d'après les principes prescrits, pour les alignements en arrière, à l'article 4 (n°⁵ 65 et 66.)

183. Le moniteur dirige l'alignement du deuxième rang sur le moniteur suivant, ou, s'il est seul ou le dernier, il le dirige sur un point éloigné que lui a indiqué l'instructeur.

184. Dès que ce rang est aligné, l'instructeur commande *Fixe ;* le moniteur reprend sa place au premier rang.

185. Les rangs étant ouverts, l'instructeur en passe l'inspection en longeant chaque rang d'abord par devant, ensuite par derrière ; il s'assure que chaque élève a bien la position prescrite à l'article 1er.

186. L'inspection terminée, l'instructeur fait serrer les rangs par les commandements de :

1. *Serrez vos rangs.*
2. MARCHE.

187. Au commandement de *Marche*, le deuxième rang serre à sa distance, chaque élève se dirigeant sur son chef de file au premier rang.

2° DÉFILÉS.

188. Les sections étant dans la formation de revue, lorsque l'instructeur veut les faire défiler, il commande :

1. *Sections à droite.*
2. MARCHE.

189. Au commandement de *Marche*, les sections se forment à droite, comme il a été prescrit au chapitre 1er (art. 5, n°s 106 et suiv.).

Chaque moniteur se place à deux pas devant le centre de sa section. La formation ainsi obtenue s'appelle *colonne*.

190. Lorsque l'étendue du terrain dont on

dispose le rend nécessaire, ou que l'instructeur juge à propos, à titre d'exercice, de faire exécuter ce mouvement, il fait serrer la colonne, sur la tête ou sur la queue.

191. Pour serrer sur la tête, il commande :

1. *Serrez la colonne.*
2. MARCHE.

192. Au commandement de *Marche*, la section de tête de la colonne ne bouge pas. Chacune des autres serre à six pas sur celle qui la précède. Chaque moniteur restant à deux pas devant le centre de la section, l'arrête par les commandements de :

1. *Section.*
2. HALTE.

193. Pour serrer sur la queue, l'instructeur commande d'abord :

1. *Demi-tour.*
2. DROITE.

194. Au commandement de *Droite*, la section de queue de la colonne ne bouge pas et reste face en avant; toutes les autres font demi-tour.

195. Le mouvement s'exécute ensuite, comme il vient d'être dit, pour serrer sur la tête. Chaque moniteur restant à deux pas derrière le centre de sa section, l'arrête à six pas de celle qui la précède par les commandements de :

1. *Demi-tour à droite.*
2. HALTE.

196. Au commandement de *Halte,* la section fait demi-tour en s'arrêtant, comme il est prescrit au n° 88.

197. L instructeur commande ensuite :

1. *Pour défiler, en avant guide à droite (ou à gauche).*
2. MARCHE.

198. Au commandement de *Guide à droite (ou à gauche),* les moniteurs se placent à la droite (ou gauche) de leurs sections respectives, au premier rang.

199. Au commandement de *Marche,* qui est répété seulement par le moniteur de la section de tête, si la colonne a serré, cette section se met vivement en marche comme il est prescrit à l'article 5 (n° 72 et suiv.).

200. Chacune des autres se met en marche au commandement de son moniteur : *En avant* — MARCHE, lorsqu'elle est séparée de celle qui la précède par un espace égal à son front.

201. Le moniteur de tête marche dans la direction déterminée par deux points bien visibles, en ligne droite, que lui a indiqués l'instructeur ; les autres marchent sur ses traces, en ayant soin que la tête de celui qui les précède immédiatement leur cache celle de tous les autres en avant.

202. Si la colonne n'a pas serré, le commandement de *Marche* est répété par tous les moniteurs, et toutes les sections partent à la fois.

203. Lorsque le terrain oblige à changer de direction, l'instructeur place d'avance un élève en jalonneur au point où il veut faire exécuter le changement de direction. Chaque moniteur se dirige sur cet élève, de manière que son bras vienne raser la poitrine de ce jalonneur; quatre pas avant d'arriver à sa hauteur, il commande :

1. *Changement de direction (à droite ou à gauche)*, et
2. Marche,

à l'instant même où il rase le jalonneur.

204. Si on défile devant l'instructeur, il se place à quinze ou vingt pas sur le flanc de la colonne, du côté où il a indiqué le guide.

Si l'instructeur fait défiler devant un inspecteur ou toute autre personne, il fait prendre le guide du côté de cette personne; il défile lui-même en tête de ses élèves, à dix pas en avant de la section de tête. Après avoir salué la personne devant laquelle on défile, il va se placer en face d'elle, à quinze ou vingt pas du flanc opposé de la colonne.

205. Au fur et à mesure que chaque section arrive à dix pas de la personne devant laquelle elle défile, les élèves, sans déranger la position de leurs épaules, tournent légèrement la tête du côté de cette personne, fixent les yeux sur elle, en arrivant à sa hauteur, et replacent la tête dans la position directe lorsqu'ils l'ont dé passée de six pas.

Le défilé terminé, l'instructeur s'approche de la personne devant laquelle il a fait défiler, la salue de nouveau et prend ses ordres.

ART. 2. — MARCHES MILITAIRES.

206. Les promenades militaires ont pour objet de faire contracter de bonne heure aux enfants l'habitude de la marche, de les accoutumer à se rendre compte des différentes formes et accidents de terrain, de leur en faire connaître les noms, et enfin de leur apprendre à s'orienter et à se diriger à l'aide d'une carte à grande échelle.

207. Le Manuel de gymnastique (art. 78 et 79) a réglé l'ordre et la longueur progressive de ces marches, la vitesse, les haltes horaires, l'attention dont la chaussure et la tenue doivent être l'objet de la part des maîtres ou de l'instructeur.

208. Il reste à fixer les procédés d'instruction pour que les élèves arrivent à distinguer les divers accidents de terrain, à pouvoir s'orienter et se diriger avec une carte. Ce sera l'objet des articles 3 et 4.

Art. 3. — Notions générales
sur la connaissance du terrain.
Définitions.

209. Le maître conduit ses élèves sur un terrain quelconque, autant que possible sur un point assez élevé pour dominer les environs, et signale à leur attention les objets qui se trouvent à la surface du sol, ainsi que les divers accidents du terrain.

210. Il leur fait connaître la dénomination qu'on leur donne habituellement dans le langage militaire et appelle leur attention sur les points suivants :

Terrain. — Pays couvert, découvert, uni, accidenté, plaine, hauteurs, vallées, ravins, bas-fonds, culture, etc.

Eaux. — Fleuves, rivières, rive droite, rive gauche, canaux, fossés d'irrigation, courants, mares, étangs, sources, fontaines, ponts, gués, etc.

Routes. — Chemins, sentiers, nature des routes (ferrées, en déblai, en remblai, de niveau), voies ferrées, tunnels, viaducs, largeur, pente, fils télégraphiques, stations, gares, etc.

Bois. — Forêts, bois, bosquets, taillis, broussailles, vergers, etc.

Lieux habités. — Villes, villages, hameaux, fermes, châteaux, murs, haies, etc.

Objets saillants. — Clochers, tours, châteaux, moulins à vent, arbres isolés, etc.

211. Il apprend aux élèves à se porter d'un point à un autre, en se masquant à la vue de leurs camarades à l'aide des divers accidents du terrain ; il leur montre comment la plus légère ondulation du sol peut les défiler [1]. Il leur enseigne ensuite la manière de se porter sûrement et rapidement dans une direction donnée, sur un point indiqué par un objet saillant, soit en suivant le chemin le plus court, ou des chemins de traverse désignés, soit en passant par des points de repère marqués dans la campagne. Il cherche toujours à intéresser et à distraire ses élèves en les instruisant.

Art. 4. — Orientation.
Manière de se diriger à l'aide d'une carte à grande échelle.

212. L'instructeur donne aux élèves quelques notions sur la manière de s'orienter de jour et de nuit. (Détermination des points cardinaux au moyen du lever et du coucher du soleil, de

[1] *Se défiler* veut dire, en langage militaire, se mettre à l'abri de la vue et des coups de l'ennemi.

la position du soleil aux différentes heures de la journée; recherche du nord au moyen de l'étoile polaire; observations sur l'écorce des arbres, sur les surfaces battues le plus ordinairement par la pluie et le vent, sur la mousse, sur le côté où les fourmilières s'abritent du mauvais temps, etc.)

213. Le maître doit être porteur d'une boussole de petite dimension qui lui permettra de diriger les élèves avec certitude et de rectifier les appréciations inexactes.

214. Les exercices relatifs à la connaissance du terrain et à l'orientation ont lieu d'abord sur un terrain uni, peu accidenté, puis on augmente peu à peu les difficultés, en passant à des terrains de plus en plus mouvementés.

215. Quand les élèves sont familiarisés avec les noms des différents accidents de terrain, et l'orientation, l'instructeur leur apprend à se diriger à l'aide d'une carte à grande échelle.

216. Avant la promenade, il leur montre d'abord le chemin qu'ils vont suivre, leur indique les signes conventionnels les plus usuels. Pendant la marche, il leur fait remarquer, à mesure qu'ils les rencontrent, les divers chemins ou sentiers, les rivières ou ruisseaux qui coupent la route suivie par eux, et les leur indique sur la carte. Il leur apprend, au moyen de l'échelle et d'un compas, ou même d'un morceau de papier ou d'un crayon, à mesurer les

distances sur la carte et leur enseigne pratique-
ment comment, à un carrefour ou à un croise-
ment de route, ils trouvent sûrement, en orien-
tant la carte, la direction à suivre.

217. Ces exercices élémentaires et d'une application facile ne manqueront point, s'ils sont
bien présentés, d'intéresser les élèves et de les
familiariser avec la lecture d'une carte.

CHAPITRE II.

TIR.

ART. 1ᵉʳ. — OBSERVATIONS GÉNÉRALES.

218. L'instruction de tir à donner aux élèves
des écoles primaires doit être essentiellement
élémentaire et pratique.

219. Elle consiste à leur enseigner, *sur
l'arme,* les différentes lignes de tir, à leur apprendre à pointer, à prendre une position correcte à mettre en joue, à agir sur la détente
pour faire feu. Elle se termine par l'exécution
du tir avec une arme à courte portée, ou carabine de chambre.

ART. 2. — NOTIONS ÉLÉMENTAIRES
SUR LES DIFFÉRENTES LIGNES DE TIR.

220. L'instructeur réunit autour de lui huit
ou dix élèves, et leur montre sur l'arme les différentes lignes qu'il définit ainsi :

1° *Ligne de tir.* — C'est l'axe du canon indéfiniment prolongé ; c'est la direction première que suit le projectile.

2° *Ligne de mire.* — Elle est déterminée par le fond du cran de mire et le sommet du guidon ; c'est elle qui sert à viser.

3° *Trajectoire.* — C'est la ligne parcourue dans l'espace par le projectile. L'instructeur fait remarquer aux élèves que cette ligne n'est pas droite, mais courbe, et qu'elle a sensiblement la forme décrite par une pierre lancée à la main.

221. Quand les élèves connaissent les trois lignes de tir, l'instructeur leur fait exécuter les exercices préparatoires de tir.

ART. 3. — EXERCICES PRÉPARATOIRES
DE TIR.

222. Les élèves étant formés en demi-cercle autour de l'instructeur, celui-ci place la carabine sur un chevalet (ou sur un sac rempli de terre, qu'il pose sur une chaise placée sur une table).

Il montre aux élèves les deux points qui déterminent la ligne de mire, c'est-à-dire le fond du cran de mire et le sommet du guidon ; il leur explique que, pour pointer, il suffit de mettre ces deux points et celui qu'on doit viser sur le même alignement, l'arme ne penchant ni à droite ni à gauche ; il pointe ensuite l'arme sur un point marqué d'une manière apparente, puis il prescrit aux élèves d'examiner l'un après l'autre comment l'arme est pointée, en leur faisant prendre la position suivante :

223. Fermer l'œil gauche, la joue touchant à peine la monture, l'œil droit au-dessus de la crosse; prendre la ligne de mire en faisant passer un rayon visuel par le fond du cran de mire et le sommet du guidon ; prolonger cette ligne jusqu'au point visé.

224. Pour que les élèves fassent des observa-tions profitables, l'instructeur leur explique préala-blement com - ment ils doivent voir le guidon et le point à viser par rapport au cran de la hausse. Le sommet du guidon doit appa-raître, en même temps, dans le milieu du cran de mire et sous le petit cercle, comme l'indique la figure ci-con-tre.

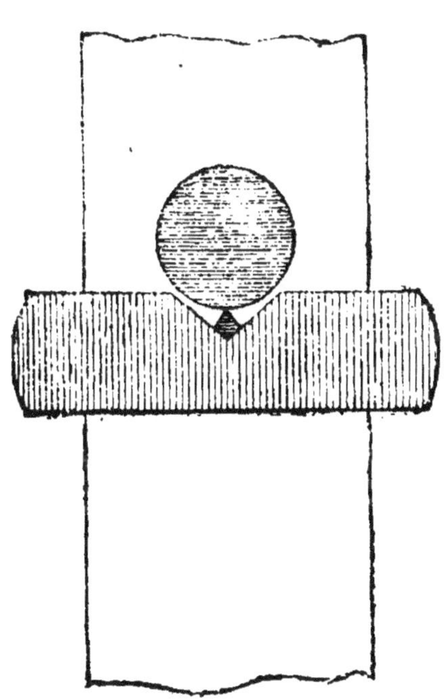

L'instructeur explique ensuite que, pour trouver cette apparence, il faut procéder par ordre, et qu'il faut tout d'abord placer son œil sur le prolongement de la ligne de mire, en arrière de la hausse; c'est ce qu'on appelle *prendre la ligne de mire.*

225. Pour faciliter cette première opération, l'instructeur place une lame de couteau ou de canif sur l'encoche de la hausse, et prescrit au n° 1 de regarder le guidon par le trou triangulaire ainsi déterminé; il lui explique que l'œil est bien placé pour le pointage lorsque le sommet du guidon apparaît au milieu du trou.

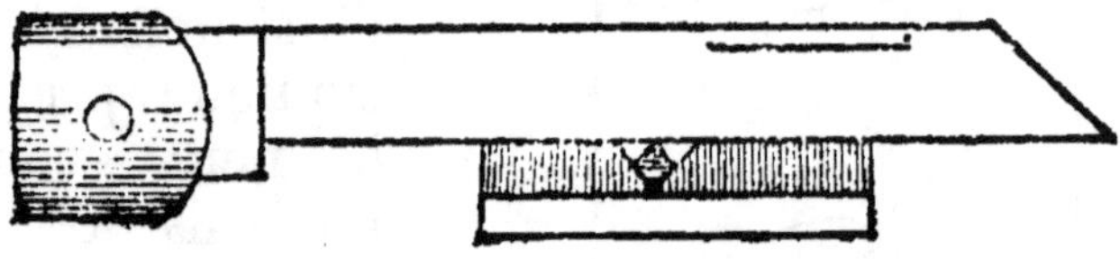

L'œil du pointeur étant ainsi correctement placé et restant lié à la ligne de mire, l'instructeur soulève la lame du canif et fait remarquer l'apparence qu'offre le guidon lorsque le cran de mire n'est plus recouvert, et ajoute que, pour pointer, il faut tout d'abord chercher à placer son œil de manière à retrouver cette même apparence du guidon dans le cran de mire.

226. L'instructeur, ayant ainsi arrêté l'attention de l'élève sur la hausse et sur le guidon, lui enseigne à prolonger la ligne de mire, c'est-à-dire à préciser le point de la cible où l'on aperçoit le sommet du guidon; il faut que, l'arme étant bien pointée, *le guidon affleure le bas du petit cercle.*

227. Quelques élèves arrivent difficilement à fermer l'œil gauche. On doit les y exercer jusqu'à ce qu'ils y parviennent sans trop d'efforts.

228. Dès que les élèves ont bien vu et bien compris ce que c'est qu'une arme régulièrement pointée, l'instructeur dérange l'arme et prescrit à chacun d'eux de viser lui-même le point désigné ; il vérifie le pointage et indique, s'il y a lieu, les erreurs commises, après avoir fait rectifier le pointage par l'élève lui-même, jusqu'à ce qu'il l'ait bien exécuté ; l'instructeur a soin de déranger l'arme avant de la passer à un autre.

229. L'instructeur fait ensuite pointer l'arme par un élève ; il fait vérifier successivement le pointage par tous les autres, demande à chacun si l'arme ne penche ni d'un côté ni de l'autre, et si la ligne de mire passe à droite ou à gauche, au-dessous ou au-dessus du point désigné. Lorsque tous lui ont donné leur opinion à voix basse, il vérifie à son tour le pointage et indique les erreurs commises.

Observations.

230. Il n'est pas rare de rencontrer, même parmi les hommes qui ont l'habitude des armes à feu, des tireurs qui ne savent pas prendre la ligne de mire.

L'instructeur insiste d'autant plus sur cette difficulté, que tous les tireurs croient pointer régulièrement. Quelques-uns, cependant, sont dupes d'une apparence: ils ne se servent en réalité que du guidon pour diriger l'arme, et se figurent qu'ils visent par le cran de mire, parce qu'ils voient en même temps la hausse et le guidon.

On dirige la ligne de mire de manière que le sommet du guidon affleure le bas du cercle, afin que, dans le tir à bras francs, le bout du canon ne vienne pas masquer le but, par suite des mouvements inévitables de l'arme pendant le pointage.

Position du tireur.

231. L'instructeur prescrit à l'élève de faire un demi-à-droite sur le talon gauche; il lui fait porter le pied droit à 15 ou 20 centimètres en arrière, et à 10 ou 15 centimètres sur la droite, la pointe du pied un peu rentrée.

232. Ces distances n'ont rien d'absolu; elles ont pour but d'assurer l'aplomb du corps, et doivent être modifiées suivant la taille des élèves.

Placement de l'arme à l'épaule.

233. L'élève étant dans la position prescrite ci-dessus, l'instructeur se place à sa droite, lui

prescrit de laisser tomber les bras naturellement, d'élever l'épaule droite et de la porter en
avant, l'épaule gauche ne bougeant pas; puis
l'instructeur applique fortement la plaque de
couche contre l'épaule de l'élève qu'il soutient de
la main gauche, le talon de la crosse affleurant à
peu près la partie supérieure de l'épaule, le
tranchant extérieur de la plaque de couche en
dedans de la couture de la manche, l'arme ho-
rizontale, ne penchant ni à droite ni à gauche;
l'instructeur fait alors saisir l'arme à l'élève,
d'abord avec la main droite à la poignée, ensuite
avec la main gauche au centre de gravité, c'est-
à-dire au point ou il faut prendre l'arme pour
qu'elle reste en équilibre sur la main. Il cesse
de soutenir l'arme, et l'élève la maintient dans
cette position, en continuant à l'appuyer fortement contre l'épaule.

L'instructeur passe d'un élève à l'autre pour
enseigner cette position, et prescrit à celui qu'il
vient de quitter de s'exercer à la prendre de
lui-même.

Action du doigt sur la détente.

234. Lorsque les élèves savent mettre en joue
et maintenir la ligne de mire sur le point visé,
l'instructeur les prépare à l'action du doigt sur
la détente pour faire feu. Les élèves sont placés dans la position prescrite n°s 231 et 232,
et ils s'exercent à agir sur la détente de la manière suivante : la main droite serrant l'arme à
la poignée, engager la deuxième phalange du

premier doigt sur la détente, fixer les yeux sur le chien, retenir la respiration et faire partir le coup en fermant graduellement le doigt.

Ensuite l'élève met en joue de lui-même, s'appliquant à maintenir au-dessous du centre noir les lacets de la ligne de mire provenant de l'oscillation de l'arme ; puis il commence à fermer le doigt, saisit l'instant où la ligne de mire est bien dirigée pour faire partir le coup en achevant de fermer graduellement le doigt ; il reste en joue après que le coup est parti et s'assure que la ligne de mire passe encore par le point visé.

Pendant cet exercice, l'instructeur se fait souvent viser dans l'œil pour s'assurer que l'élève vise bien, et maintient son arme sur le point au moment où il agit sur la détente.

Les élèves étant bien préparés par cet exercice à mettre en joue et à faire feu, l'instructeur leur fait exécuter ces mouvements de la manière suivante :

Mouvements de joue et de feu.

235. Les élèves étant dans la position indiquée, l'instructeur leur remet la carabine, qu'ils saisissent de la main droite à la poignée, de la main gauche au centre de gravité, puis il commande :

JOUE.

(Un temps et un mouvement.)

Élever l'arme avec les deux mains, sans brusquer le mouvement, le corps restant d'aplomb, le coude gauche abattu, le doigt à hauteur de l'épaule; fermer l'œil gauche, prendre la ligne de mire et la diriger sur le but en penchant le moins possible la tête à droite et en avant, la deuxième phalange du premier doigt de la main droite en avant et contre la détente.

Feu.

(Un temps et un mouvement.)

236. Faire partir le coup en achevant de fermer le doigt sans brusquerie, la tête et le corps restant immobiles.

Art. 4. — Tir avec la carabine à courte portée.

(Arme de chambre.)

De l'installation et du matériel du tir.

237. Un tir à courte portée peut être installé dans une cour ou dans une salle; il n'exige qu'un espace de 10 à 15 mètres de longueur sur 2 ou 3 mètres de large.

Le rectangle, ainsi déterminé et adossé à un mur, doit être clos sur ses deux grands côtés, et fermé, sur le petit côté opposé au mur, par une barre de bois contre laquelle vient se porter le tireur.

238. Le matériel comprend : une ou plusieurs carabines et les ustensiles nécessaires à leur entretien ; une ou plusieurs cibles en fonte, de forme carrée et de 15 centimètres environ de côté ; deux pots contenant l'un du noir de fumée, l'autre du blanc.

Exécution du tir.

239. Les élèves sont conduits au tir par groupes de huit à douze élèves, suivant l'espace disponible. Ils sont arrêtés à deux ou trois pas de l'emplacement du tireur et formés sur deux rangs.

240. A l'appel de son nom ou de son numéro, l'élève désigné s'avance contre la barre, fait son demi-à-droite, se fend de la partie droite comme il a été prescrit n° 231. L'instructeur, qui doit s'appliquer à éviter toute chance d'accident, lui remet l'arme chargée et veille à ce qu'il ne se retourne pas.

L'élève tire successivement six balles, rejoint la gauche du groupe, et est remplacé par le suivant.

241. Après chaque coup, l'instructeur lui fait remarquer où sa balle a porté, lui signale les fautes commises dans le pointage, la position, l'action du doigt, mais il ne doit jamais lui parler pendant qu'il met en joue.

242. L'instructeur renvoie à l'instruction ceux qui ne seraient pas suffisamment instruits, et prend le nom des élèves les plus adroits pour les signaler à l'époque de l'inspection.

Répartition des munitions, constatation du tir.

243. Les élèves qui auront parcouru la série des exercices préparatoires exécuteront au moins chaque année cinq tirs de six balles.

244. Il sera tenu note sur un registre spécial de la date des séances, du nombre des élèves qui auront tiré dans chaque séance, du nombre des cartouches brûlées et de celui des ratés.